国際共通語としての英語

鳥飼玖美子

講談社現代新書

2104

目次

はじめに —— 5

第一章　通じる英語とは何か —— 15
共通語としての「コア」／単語の使い方／文法は必要か

第二章　発信するための英語 —— 39
面倒がらずに自分の英語で／外国語学習の新たな考え方／「複言語主義（plurilingualism）」／言語共通の参照枠／国際コミュニケーションの視点からみた鳩山論文

第三章　「グローバル時代の英語」が意味するもの —— 75
国際共通語の実態／英語支配と英語格差／世界の英語たち／言語政策

第四章　国際共通語としての英語と学校教育 ―― 93
「何のために」「どのような」英語を目指すのか？／新学習指導要領にみる「英語教育の目標」／「コミュニケーション」の意味／コミュニケーション能力／国際共通語か英米文化理解か／英語教育の特殊性／英語教育のパラダイムシフト

第五章　英語教育で文化をどう扱うか ―― 127
外国語教育と文化――米国の場合／外国語教育と文化――EU（欧州連合）の場合／異文化能力／日本の英語教育の課題

第六章　国際英語は動機づけになるか ―― 147
意欲って何？／「国際的志向性」／綾戸智恵さんの場合／押切もえさんの場合／桂かい枝さんの場合／私の場合／朝日新聞「オピニオン　インタビュー」

これからの英語と私たち――まとめに代えて ―― 179

あとがき ―― 189

はじめに

「なんで英語やるの？」と聞かれたら、あなたなら何と答えますか？

　これは実は一九七四年に出版された本(1)のタイトルです。七四年といえば、日本経済は高度成長の時代で社会全体が活気に満ちている頃でした。六四年の東京オリンピック、続いて七〇年の大阪万博が終わり、日本は国際化への道をひた走っている最中でした。英語学習もブームと言ってよいくらい盛んでした（もっとも日本は明治以来、恒常的に英語ブームで、「英会話」は日本独特の文化だと言う人さえいます）。著者の中津燎子さんはベストセラーとなったこの書で大宅壮一ノンフィクション賞を受賞しました。それほど話題になった本でした。「なんで英語やるの？」という質問を突きつけられた日本人は、誰もが、えっ？　と返答につまり、だって英語をやるのは当たり前じゃん、国際化時代だもん、とつぶやきながらも、そういえば、私たち、本当は、なんで英語をやるんだろう？とあらためて自問自答したのです。

それから四〇年近くが経ちました。今の日本人は、こんな質問をされても驚くどころか、なにを今さらそんなこと聞くんだよ、決まってるじゃないか、と笑うでしょう。

英語力を要求する企業は急増し、何らかの形でＴＯＥＩＣ（Test of English for International Communication）テストを導入している企業や団体は一九〇〇にのぼる、とテスト実施団体である国際ビジネスコミュニケーション協会は二〇〇九年に発表しています。二〇一〇年は、ユニクロと楽天が社内公用語を英語にすると宣言した年です。二〇一一年には三井住友銀行が、総合職の全行員約一万三〇〇〇人にＴＯＥＩＣ八〇〇点以上を目指すよう求めることを発表しました（朝日新聞、二月一〇日朝刊、一ページ）。

慌てふためいた人たちが英会話スクールに押しかけて、ビジネス英語特訓コースは大繁盛です。一時は大手英会話学校の閉鎖が続いて落ち込み状態だった英語教育産業はすっかり元気を取り戻しました。元気がないのは、英語が苦手な人たちで、落ちこぼれになりかねない、下手すりゃクビだ、と戦々恐々としながらＴＯＥＩＣテストを受けまくっています。お父さんが超タイヘンだから、ウチの中も英語でやりましょう、と怪しげな英語が家庭内公用語になったり、社員食堂のメニューが英語になったり。女性週刊誌までが「英語パニック発生中！」と伝えています[2]。それもこれも、英語が世界の共通語になったからです。
「なんで英語やるの？」という質問（もはや愚問？）に対する、経済界、教育界をはじめ世間一般の答えは、あっけらかんと単純明快です。誰もが、このように主張します。

「世界はグローバル化した」＝「グローバル世界での共通語は英語である」→ゆえに、「これからの日本人は英語を身につけなくてはならない」。

「グローバリゼーション」は、まさに水戸黄門が振りかざす印籠のようなもので、「これが目に入らぬか！」と助さん格さんに言われれば、誰しもがハハーッとひれ伏さざるをえません。だから文部科学省は懸命に「英語が使える日本人の育成」を目指した政策を実行し(3)、新学習指導要領では小学校での英語活動を必修化し、高校での英語は基本的に英語で授業するとまで明記したのです。
したがって「なぜ英語なのか？」という問いは、もはや答えが分かっているのだから、聞く必要のない質問だと思っている人が多いのはやむをえないでしょう。こんなに英語に支配されるのは実は深刻な問題をはらんでいるのだ、という注意(4)を小耳にはさんでも、素通りです。「グローバル化した世界の共通語だから」「インターネット時代の普遍語だから」で納得してしまう。

でも、では「どのような英語が必要なのか?」となると、答えはそう簡単ではなさそうです。文科省も企業も一般人も誰もが、「コミュニケーションに使える英語」だと言うのですが、「コミュニケーション」って、何なのでしょうか。

英会話のこと? 違う? 違うとすると、どう違う?

英語はグローバル世界の共通語だと言うし、「国際英語」という言葉も聞くけれど、それはどういう英語? 受験英語とは違う、何か新しい種類の英語なの? 「国際共通語」は「異文化理解」とどう関係する? あるいは関係しない?

英語には「読んで、書いて、聞いて、話す」の四技能があるけれど、その中で、どれが大事なのだろう? やっぱり会話でしょ、と考える人が大半ですが、「読むことこそ大事だ」と主張する専門家もいます(私もその一人です)。インターネット時代の共通語と言うのなら、まずは「書くこと」ではないのか、という疑問もあります。

なになに、コミュニケーションとは対話のこと? では、相手は誰だと想定して学べばよい? ネイティブ・スピーカー(母語話者)? でも、ものの本によれば、英語母語話者の数はたかだか三〜四億人程度だけれど、世界で英語を何らかの形で使っている人たちは十数億人はいるという。ネイティブ・スピーカーの真似をするのは時代遅れで、今や「世界の英語たち（World Englishes）」[5]の時代だとも聞く。世界のあるべき姿は多言語が共存する社会であって、英語、英語と騒ぐのは英語に支配されていることなのだから気をつけなければならない、という警告もある。

でも仕方ないじゃない。あれこれ考えている暇はないよ。ともかく受験があるんだから、やるっきゃない。就職があるのだから、それが先決だ。それ以外に何か選択肢があるわけ？

これは、いずれも真っ当な疑問であり、意見です。この辺りを念頭に、本書では「国際共通語としての英語（English as a lingua franca, English as an international language）」、もしくは「地球語としての英語（English as a global language）」[6]について、じっくり考えてみようと思います。

ひとつだけお断りしておきます。

この本では、覚えて役に立つ英語表現は登場しません。なぜ？　だって、そういう本なら他にいくらも出ているから。書店の「英語コーナー」に行けば、どれを選んだら良いのか目が回るほど、英会話本が並んでいるではないですか。

太平洋戦争が一九四五年八月に終わった一ヵ月後には『日米会話手帳』(科学教材社)が出版され、三ヵ月で三六〇万部の大ベストセラーになっています。それ以来、今日に至るまで、すぐに使えるとされる会話集がどれだけ世に出たことでしょう。今や中学・高校の英語教科書だって、そのような日常会話用のフレーズが満載です。

もちろん英語の定型表現を暗記して使うことは外国語学習の一段階として必要なので、それも勉強のうちではあるのですが、本書であえて紹介しないのには、私のこだわりがあります。読者の皆さん自身で、何を、どう英語で話すのかを考えていただきたい、というこだわりです。


コミュニケーションというのは、相互作用です。私がいて、私とは違う誰か(または、自然や動物など、何か)がいて、その異質な他者同士の間に紡がれる「関係性」がコミュニケーションなのです。対話を取り巻く状況によって話し方も受け止め方も答え方も千差万別になる「相互行為(インターアクション)」がコミュニケーションなのです。そう、コミュニケーションとは、まさしく「関係」であり、その関係を繫《つな》ぐ「対話（ダイアローグ）」です。

でも、「対話」とは、一般的に考える会話のことだけではありません。何も言わずに黙っていることも、ある種のメッセージを伝える「対話」です。腹が立って何も言う気にならず黙って睨《にら》んでいても、それはそれで一つのコミュニケーションであり対話です。「沈黙」は「無」ではない。ジェスチャーや表情などの「沈黙の言葉」も、雄弁に何かを物語って対話を構成しコミュニケーションとなります。本を読むことも対話なら、文章を書くことも対話です。私は今、読者の皆さんを心に浮かべながら、この文章を書いていますが、これはれっきとした対話であり、皆さんと私を繫ぐコミュニケーションなのです。コミュニケーションとは、そのように幅広くダイナミックなものです。

そのようなコミュニケーションを英語で行うということは、単なるスキルでは片付かない。自分の置かれた状況（コンテクスト）をふまえて、相手が誰かを見極めつつ、話し手（あるいは書き手）自身が、言葉を生み出し、相手との関係を構築していくことです。相手が変われば、生み出す言葉も違ってきます。状況が違えば、違う言葉を紡ぐことになります。マニュアル本に出てくる定型表現を覚えただけではコミュニケーションが円滑にいかないのは、その点を十分に認識せず、自分自身の英語を作り出そうとしないからではないか、と私は思っています。

国際共通語として英語を使う、ということは、すぐれて自律的な営みです。「自律性」というのは英語でautonomyと言い、誰に言われたということではなく自分自身が主体的に自主的に何かをすることです。自主独立の精神です。この「自律性」は、外国語学習（もちろん英語学習も入ります）を成功させるには不可欠だということが、最近の研究で分かってきました。

誰の真似をするのでもなく、自分がこれまでに培った力——英語力はもとより、母語の力、言葉への感性、コンテクストを読み取る力、相手への「共感（empathy）」を感じる力など——すべてを総動員しながら、自らが主体的に相手と関わる。これが、これからの英語学習が目指すべきコミュニケーション能力です。

そのような思いで、本書では、読者の皆さんと共に、国際共通語としての英語をコミュニケーションに使うことの意味を考えるつもりです。

ぜひ、お付き合いください。

(1) 中津燎子（1974年）『なんで英語やるの？』午夢館

(2)「お父さんも家族も超タイヘン　英語パニック発生中！」「女性セブン」二〇一〇年九月二日号

(3) 文部科学省「『英語が使える日本人』の育成のための戦略構想」（2002年）
文部科学省「『英語が使える日本人』の育成のための行動計画」（2003年）

(4) 大石俊一（2005年）『英語帝国主義に抗する理念』明石書店
津田幸男（2005年）『言語・情報・文化の英語支配』明石書店
デイヴィッド・クリスタル（2004年）『消滅する言語――人類の知的遺産をいかに守るか』斎藤兆史・三谷裕美訳、中公新書

(5) Kachru, B.B. 1982. *The other tongue: English across cultures*. University of Illinois Press.

(6) Crystal, D. 1997. *English as a global language*. Cambridge University Press.

第一章　通じる英語とは何か

英語を国際共通語として使うというのは、実際にはどういうことでしょうか。

それは英語を母語としない各国の人々が英語を使う必要に迫られて、やむなく使うということです。本来はお互いの言語を学び合うのが理想ですが、現実にはそういうわけにもいかないので、双方が知っている共通語を用いてコミュニケーションを図るわけです。そのために昔、エスペラントという言語が人工的に作られたこともありましたが、定着はせず、英語が共通語として機能しているのが現状です。

ということは、国際共通語としての英語は二つの側面を持つと思います。

一つは、地球人全員の共通語であるから誰もが自由に英語を使う、という面です。と同時に、共通語である以上、通じなければ意味がない、という側面もあります。この二点は当たり前のことですが、よく考えれば相反する可能性があります。

誰もが好きなように使ってよい、ネイティブ・スピーカーの真似をする必要はない、という側面だけが前面に出過ぎると、各地のお国訛《なま》りが百花繚乱《りょうらん》となり、にぎやかで楽しいけれど、何を言っているんだか聞き取れない、話が通じない、となる可能性がなきにしもあらず、です。

お互いが英語を話しているのだけれど、英語とは思えない英語が行き交《か》って、理解不能となればコミュニケーションは成立しません。それでは元も子もないので、ネイティブ規範を押し付けるのではなく、しかし英語として聞こえるような、通じる英語とは何か、という落としどころを見つけなければなりません。

共通語なのですから、重要なのは、正確さでもなければ流暢《りゅうちょう》さでもなく、「通じる」という「分かりやすさ（intelligibility）」です。

しかし、何をもって「分かりやすい」とするかは、難しいところです。誰にとって分かりやすいのかという問題もあれば、どうすれば分かりやすくなり、どうなると分かりにくくなるのか、基準を決める必要があります。その基準を誰が決めるのか、という課題もあります。そもそも、「分かりやすさ」の決め手は何か。発音が良ければ相手は分かるのか？　個々の発音よりイントネーションが大事？　それとも正しい文法？　ただ単に、「間違えてもいいから喋ってみなさい」だけでは教育になりません。英語の授業で、何を重点的に教えたら「使える英語」になるのか。英語を学ぶ際に、英語のどの部分をしっかり身につけたら、国際コミュニケーションで使い物になるのかの目安が欲しいところです。

このような問いへの答えを見つけようと、海外では既に真剣な模索が始まっています。

共通語としての「コア」

ジェンキンズ（Jennifer Jenkins）という音韻学を専門とする研究者は、「共通語としての英語（English as a Lingua Franca）」という視点に立脚し、リンガ・フランカ（共通語）として機能するためには、英語の「核（core）」を特定しなければならないと主張し、音声の面から「共通語としてのコア（Lingua Franca Core）」[(1)]を探そうと試みています。英語の音はスペルと連動していないことが多いし、子音の連結など、他の言語にない特徴があり、決して学ぶのにやさしい言語ではありません。それが共通語になってしまい、誰もが四苦八苦して迷惑しているわけですが、最低限、この音だけを習得すれば英語として通じる、という仕分けに挑戦しているわけです。

ここで肝心なのは、共通語としての核《コア》を見出す基準は、母語話者の発音モデルではない、という点です。国際共通語としての役割がもたらした新たな視点と言えるでしょう。

ネイティブ・スピーカーが基準となるのではなく、英語を母語としない者同士が英語で話し合った際に、お互いがお互いの英語を理解できるかどうかという「分かりやすさ（intelligibility）」が基準となる、という発想です。そのために、各国の人々に英語を話してもらい、その英語を理解できたかどうかを検証するなどの研究を続けることで、この音をきちんと発音しないと分かってもらえない、この音は少しくらい間違えても相互理解が可能、などの分類ができれば、守るべき英語の「コア」が見つかったことになります。

研究はまだ継続中で、結論が出るまでには至っていないようですが、それでも興味深い発見があります。

例えば、日本人が気にするtheなど、thの音を「ザ」と発音しても、分かりやすさの点からは大きな障害にはならないことが判明しています。ネイティブ・スピーカーではないということは歴然としますが、そもそも母語話者だと思ってもらう必要はないわけで、コミュニケーションに支障がないのだから問題なしです。LとRの違いも、ほとんどの場合は、文脈から想像がつくので、過度に心配することはありません。英語は母音の種類が多く、学習者の悩みの種ですが、母語話者でも地域によって違った発音をしているので、余り気にする必要はないということです。

意外なのは、子音の連結です。子音の後に必ず母音がくる日本語やスペイン語などと異なり、英語は子音で終わることが多い上に、子音がいくつも繋がる癖があります。例えば、did の否定形は did not ですが、その短縮形である didn't などは悲惨です。母音は i ひとつだけで、子音が d-n-t と三つも繋がっている。どうしても間に母音をはさんで、di-dun-to のように言ってしまいがちですが、そうすると一音節の単語が三音節になってリズムが崩れ、何やらドタドタ言っている感じになって理解されにくくなるわけです。おまけに、母音は心配しなくて良いと言われても、didn't の場合は短母音の i ですので、日本語の「イ」と「エ」の中間くらいの音です。とても発音しにくい。短母音＋子音連結という二重苦になり、分かってもらうように明快に発音するためには、ちょっとしたコツを学ぶ必要があります。

高校三年生の時、アメリカに留学した私は、自分が間違った発音をしても、受け入れ家族は「留学生の可愛い英語」だと放っていることに気づき（忘れもしません、民主党員を意味する the Democrats という単語のアクセントの位置を誤って発音していたのです。正しくは最初の音節 De を強めるのですが、私は民主主義の Democracy と同じ第二音節 mo を強めていたのです）、「間違った英語を話したら必ず直して」と頼みました。そして真っ先に直され、一番苦労したのが、このdidn'tでした。ホスト家庭の人たちは音韻学の専門家ではありませんから（日本で英語を教えているALT〈外国語指導助手〉の大半も同様です）、違うということは分かっても、何をどうしたら通じる発音になるのか分かりません。何度やっても、全員が申し訳なさそうに、「didn'tには聞こえないよ」と言い続けました。これは参りました。ただ下手だけならともかく、didの否定形だと理解してもらえなかったら、実害があります。しかし高校生では、日本語と英語の音韻上の違いや短母音や子音連結の特徴など全く知りませんから、どこに注意してどう発音したら良いかも分かりません。うまく発音できない自分を情けなく思いながら、しかし否定の意味が伝わらなければ困ると思い直し、ひたすら何度も試みました。ようやく、「そう、その発音！それなら分かる！」と拍手を受けたのは、なぜか家族四人が集まって発音練習をしたバスルームでした。

これは考えてみれば面倒な話です。たかだかdidn'tくらいの小さな単語でこれだけのハードルがあると思うとウンザリしますが、「子音連結」という英語の特徴に焦点を当てて少し練習すれば、すぐにコツは呑み込めます。授業で発音を教える場合も、短母音を含めた母音の基本的な音を教えた後に、「子音連結」に重点を置いて指導すれば、コミュニケーションに支障のない、分かり合える発音になります。完璧を目指す必要はなく、日本語は［子音］＋［母音］という、〈おかずとご飯〉のような定食セットが多いけれど、英語はむしろ単品のアラカルト。［子音］だけでの単独登場が多く、［子音］＋［子音］＋［子音］などのように、ズラズラと単品が繋がる癖もある、ということを知って少し意識するだけで違います。

意外な点は、まだあります。英語はイントネーションが大事だとよく言われ、英文に上向き、下向きの印をつけて学んだり、入試問題になったりもしていました。ところが、です。イントネーションというのは、その場の状況でいくらでも変わる可能性があるので一律に教えることが難しい上、母語話者のようなイントネーションでなくても十分に分かり合えるので、コミュニケーションに支障はない、という結果が出ているのです。

英語には強弱のリズムがあるので、それを崩してしまうと、お経を読んでいるようになって理解しにくいのですが、イントネーションというのは強勢（ストレス）とは違います。発言の目的（質問か否か）と内容（何を強調したいか）と連動して文章のどこを上げたり下げたりするか、ということを指します。もっとも簡単なのは、質問の場合は語尾を上げること。しかし強調したい内容は、話している本人が決めることなので、正しいイントネーションが一つだけ、ということはありえません。

だいぶ前に見た映画なのでうろ覚えですが、同一人物が三種類のイントネーションで同じ文章を繰り返したシーンがありました。不動産の営業をしている主人公が、"I want to sell this house!" というせりふを三種類のイントネーションで叫んだのです。(1)"I want to sell this house!"（この家を絶対に売りたい）(2)"I want to sell this house!"（他の家じゃなく、この家を売りたい）(3)"I want to sell this house!"（他の人じゃなくて、この私がこの家を売りたい）。話し手の気持ちによってイントネーションが変わることがよく表れていたシーンでした。

ということは、つまり、正しいイントネーションを教えることに多くの時間を費やす必要はなく、質問する時は語尾を上げるくらいの基本原則を教えれば良いということになります。それで浮いた時間は、単語のどこを強く発音するかという強勢《ストレス》を教えることに回せます。それも、強める位置が変わると意味まで変わってしまう、という単語に限定して教えるだけで十分です。例えば、present は、present と最初の音節を強めると、名詞の「贈りもの、プレゼント」になりますが、present のように二番目の音節を強めると動詞になり「発表する」「提示する」という意味になるので、使い分けが必要になる。これは教えておいた方が良いし、学んでおくべきことになります。

単語の使い方

国際共通語としての英語を学ぶ、と目的が明確になれば、英単語の使い方も縛りが少なくならざるをえず、ある意味で自由奔放になります。

たとえば「痛む」という意味の ache。ある人が、原爆投下に関して、次のような英文を書きました。"...pass down the aching experience of Hiroshima and Nagasaki." 日本語なら「広島・長崎の痛ましい体験を次世代に伝える」と言いたいわけです。この英語は、正しいか、間違っているか。別に何も問題はないように見えますが、ネイティブ・スピーカーは、この aching は語法の誤りで正しくは painful になるべきだと言うでしょう。しかし、なぜ aching ではダメなのか？　と聞かれて、説明できるネイティブ・スピーカーは少なく、たいていは、「なんか不自然な感じがする」「こういう時には使わない」と答えるくらいでしょう。辞書を引いても、動詞の ache は「痛む」と出ているし、My heart aches.（心が痛む）という表現も載っているので、なぜaching experienceが変なのか、よく分かりません。言語的なセンスがあり英語教育に関わったことのある母語話者なら、「acheというのは、通常は、体の痛みを指すので、〈体験〉を形容するのはコロケーションとして合わない」と説明するでしょう。しかしコロケーションというのは、この単語は通常この単語と組み合わせて使う、という相性のようなもので、明示的な規則があるわけではない。セットとして、そのまま覚えるしかないものです。そうか、英語では、この単語とこの単語は仲良しで一緒なんだ、という知識を得る楽しさはあるけれど、使いこなすことなどは母語話者でない限り無理難題というものです。非母語話者である日本人にとっては、「心の痛み」に使えるのに、なぜ「体験の痛み」を言いたい時にacheを使えないのか、皮膚感覚で納得できません。

それに、aching experienceと言って、通じないか、誤解されるか、といえば、そのようなことは全くない。十分に意味は通じます。このような場合は、国際共通語としての英語として、問題ない、これが現実の英語である、ということになります。母語話者が「少し不自然な感じがする英語だ」と感じても、十数億人の英語使用者が理解できるのなら、これは共通語として機能していることになります。

問題は、このような表現が教材に入っていた場合に、どう処理するか、対応するかです。英語母語話者や英語教育専門家の多くは、不自然な英語を学習すべきではない、と主張するでしょう。私自身も、そう思います。教材として、あえて不自然な英語を提供することはないと思います。しかし、明らかな間違いとまでは言い切れず、もしかすると現実世界ではこのような表現が広まっている、という可能性がある場合は、誤用として排除すべきではない、というのがジェンキンズの考えです。それが「母語話者の規範に準じる必要はない」ということの意味なのです。

そんな英語は英語として認められない、と反対しても、国際共通語となった英語は各国の人々が自由闊達に使いこなすものなのですから、これまではありえなかったような表現や使い方が登場し流布することを止めるのは難しいでしょう。当然ながら止める必要もありません。日本の柔道が今や国際的なスポーツになり、日本の手を離れて世界のjudoになったことと似ています。

ひと昔前、「前向きに考えます」という日本語にあたる英語は存在しないと言われ、“forward-looking posture”（前向き）は直訳の和製英語だとされていました。しかし、国際会議で同時通訳者があえて使って以来、米国の政治家が“We will study the issue in a forward-looking manner."と言い始めた、という事例もあります。言葉は生き物です。使う人の創意工夫で、これまでは間違った使い方とされてきた表現が、定着してしまった例など、いくらでもあります。

最近では、ツイッターというコミュニケーションサイトが、そうです。世界中で大流行の「ツイッター」は、英語のtwitter「さえずり」「さえずる」から来ていて、この英語は名詞も動詞も同じtwitterですが、動詞で使う際には、tweet（さえずる）という英語が使われ日本では「ツイートする」というカタカナ語が使われています。そしてツイッターの文章では、日本語の中に「うぃる」（will）、「なう」（now）や「だん」（done）などの英語が盛んに使われています。英語としても日本語としても怪しいけれど、誰もこれを止めることは出来ず、新たな英語交じり日本語が生まれてきているとさえ感じます。

外国語学習には、現実に使われている言語を取り込んだ「生の（authentic）」教材を使用するのが効果的だとされていることから、これからはますます、「現実に使われている共通語としての英語」と「学習として教える英語」の差が広がりそうです。それをどう扱うかは現場にとっての課題ですが、「国際共通語としての英語」を教える、という立場を取れば、ネイティブ規範から自由になる方向を覚悟することになるでしょう。

文法は必要か

ここ二〇年来のコミュニケーション志向の英語教育では、文法は不要、文法を教えるから話せなくなる、という意識が濃厚で、文法を説明して英文を日本語訳させる従来の文法訳読法は、文法訳毒法とさえ呼ばれて批判の的になってきました。その反動で、会話ばかりやっていて文法をきちんと教えないから英語の基礎力が低下した、と文法教育の復活を求める声も強くなってきています。

学習者は困惑しているでしょう。コミュニケーションに文法は関係ない、文法ばかりやっていたから英語が話せないのだ、ということで会話中心になったはずなのに、やっぱり文法は大事だと言われても、どうしたら良いのだ？　その学習者の迷いを反映するかのように、近頃の書店には、数多《あまた》の英会話本に交じって、やり直しの文法などという本も増えてきています。

私は最近、「文法か？　会話か？」という二項対立的な議論は不毛だと考えています。なぜなら文法や構文の知識は、会話をするためにこそ必要だからです。単語の羅列ではなく文章をどう組み立てるかという構文や、言葉を使う際の規則である文法は、体系的に学ばないと、実践の場で応用が利かないからです。

先日、面白い発見をしました。英会話学校に通っている人々を取材するため授業を参観したところ、勉強している本人は気づかないでいるようでしたが、授業で扱っている内容は文法なのです。でも英語で書かれたテキストを使い、ネイティブ・スピーカーの先生が英語で説明すると、文法も会話レッスンのように感じられるのでしょう。「文法」と銘打っていないので、「ビジネス会話クラス」だと思って受講しているからかもしれません。

つまり、会話が出来るようになるためには、当然ながら文法的な基礎知識が前提となるのです。過去形を知らなければ過去の話は出来ないし、仮定法を知らなければ仮定の話や将来の夢を語ることが出来ません。形容詞の使い方を知らなければ、貰ったプレゼントを褒めることさえ出来ません。冠詞は面倒だけれど、英語という言語の特徴で、唯一の存在や既知のものを語るには定冠詞を使うと知っていれば、読んだり聞いたりしたことを理解しやすくなります。

そんなに大切な文法が何故これほどまでに嫌われているかというと、規則を覚えること自体に忍耐力が要るというやむをえない理由の他に、教え方がまずかったのではないでしょうか。そういえば、私も中高時代は英文法の時間が大嫌いでした。とにかく、つまらない。なぜ、こんなややこしい規則を覚えなければいけないのか分からないし、動名詞だ、不可算名詞だ、過去分詞だと訳のわからない難しい用語ばかりが飛び交い、ひたすら面倒で退屈でした。どうでもいいじゃん、と心の中で思いながら、いやいや授業を受けていたものでした。

コロンビア大学大学院で英語教授法を学んでいた時に、日本人が「文法」だと思って学んだものは、ホーンビー（Albert Hornby）などによる影響が大きく、文法学者は他にも大勢いて、さまざまな文法が世の中にあるのだと知りました。たまたま未来形の話になり、日本では「単純未来」と「意志未来」とを分けて教えるのだと誰かが説明したところ、教授が驚いて、「それは何？」と質問し、日本人が絶句したこともありました。

しかし、思うに、学校の英文法は学びやすくまとめてあるので、基本を教えるにはあれで良いように思います。

但し、条件があります。指導方法は昔のままではなく、最近の生徒たちが理解しやすいように、文法用語の使用を減らし、教える文法事項を整理し、教え方を工夫するべきでしょう。実は、私がこの条件を付けるようになったのには理由があります。

数年前までの私は、文法嫌いだった自分のことを棚に上げて、「文法は必要」の一点張りでした。英会話のパターンだけ覚えても、現実のコミュニケーションで使えることにはならないからです。それが変わったのは、ある時、指導している大学院生が教員免許取得のために教育実習に出かけ、授業をしているところを参観してからです。

常々、「コミュニケーションに使える英語を教えられるようになりたい」と夢を語っていたその院生が行った授業は、昔ながらの文法訳読法授業を絵に描いたようなものでした。環境問題を扱った章を取り上げ、授業のすべてをIt...that...構文の解説に充てていました。生徒同士のやりとりはなく、たまに指名して答えさせるだけで、教師役の院生が説明し板書する授業でした。当然でしょうが、高校生たちは百パーセント受け身で授業を受けており、熱心な生徒は板書をノートにひたすら写し、大半の生徒はつまらなそうにぼんやり聞いているだけ。発言の機会は授業中に一回あれば良い方で、ほとんどの生徒は何も英語を口にすることなく授業を終えていました。

驚いて授業後に尋ねたところ、授業をした院生は「教育実習では指導を担当する高校の先生の方針通りに授業をすることになっていて、今日の授業も指導の先生と綿密に打ち合わせてレッスンプランを作りました」と弁明するのです。なーんだ、そういうこと。教育実習というシステムは従来型の指導方法を再生産することになっていて、英語教育の改革などは教員養成制度から変えない限り絵に描いた餅なのだ、とショックを受けました。もっとショックだったのは、指導を担当した先生が私に向かい「いかがでしたか？　先生はいつも、文法は大切だとおっしゃって下さるので、心強いです」と満面の笑みだったことでした。この高校は、小学校から大学までの私立一貫校で受験勉強の必要もないのに、三〇年前四〇年前と変わらぬ文法解説授業を続けている理由を質問しようと口を開けかけましたが、やめました。そして、今後はもっと慎重に発言しなければ、と反省したわけです。

それ以来、文法に関しては丁寧に主張を説明することにしています。学校で文法を教えることは必要です。文法の知識は英語力の基礎を作り上げる上で不可欠です。いくら国際共通語だ、「世界の英語たち」だと言っても、それは、実際に話す際には文法的な間違いを気にしないで使いましょう、ということであって、学習の段階では、英語という言語の仕組みとルールを学ばないと、まともに使うことは無理です、だから学校で文法を教える必要があるのだけれど、問題は教え方です云々、と。

そもそも、コミュニカティブ・アプローチ（communicative approach）では文法を教えない、という解釈は誤解です。正しい文法に基づいた文章パターンを教えて練習させるオーディオリンガル・メソッド（audiolingual method）とは異なり、「正確性（accuracy）」よりは「流暢性（fluency）」を重視して、不完全でも話しましょう、というのがコミュニカティブ・アプローチですが、文法的な知識を否定しているわけではありません。もっとも「流暢性」の追求が裏目に出て「正確性」が損なわれるという反省も出て来ており、focus on form（形式への焦点化）と称する、文法などの言語形式を、いつ、どのように授業で導入するかが課題になっています。コミュニケーションに文法的な知識が必須だとして、問題は、どう教えるか、ということになります。文学書を訳しながら文法を教えるのか、会話をさせながら文法を教えるのか、文法事項を教えてから会話をさせるのか、全く別の方法があるのか。ともかく、発信型コミュニケーションを可能にするような文法指導法を開発しなければならないでしょう。

例えば、生命がかかっている場合に、"Help!" くらいは叫ぶことが出来たとしても、それだけでは不十分な場合があります。海外で身に覚えがない嫌疑をかけられて警察に連れて行かれた時に動転し、単語を並べて泣きわめいたけれど、"She is crazy." と片付けられてしまい、結果として何年も刑務所に入れられた日本人観光客の例がありました。せめて、"I am innocent. Call the Japanese embassy. I need a lawyer."（私は無実です、日本大使館に連絡して、弁護士を呼んで）くらいを主張するためには、最低限の語彙とそれを文章に組み立てる文法知識が必須です。

しかし、文法を習うのは、かつての私がそうであったように、たいていの生徒にとってつまらないし面白くありません。理系の生徒は逆に、最初に文法の体系を知って英語という言語の全体像を把握したがることがありますが、多くの場合、なぜ、こんな面倒な規則を覚えなければならないか分からないままです。分からないまま机に座って先生の説明を聞いているだけでは、右から左に抜けるだけです。受験のためではなく、コミュニケーションのためだと、どうして言ってあげないのか、残念です。

文法訳読法（Grammar Translation Method）という外国語教授法は日本のオリジナルではなく、昔から世界中で使われてきた指導法ですが、どうして各国でかくも長く使われてきたかといえば、教師にとって負担の軽い指導法だからです。しかし、生徒にとっては退屈きわまりなく、実際に使えるようにならないことから、不人気なのは日本だけではありません。

どうしたら良いのか。

私が提案したい解決法は、なぜ国際共通語としての英語であっても文法が大事なのかを学習者に説明することです。同時に、教える文法事項を整理して、優先順位をつけること。そして教え方を変えるのです。

例を挙げましょう。能動態を受動態にする練習を延々とやらされた記憶を持つ日本人は多く、その成果が頭に染み付いているようで、やたらに受け身形で英文を書く人がいます。しかし英語は本来、能動態（active voice）が基本です。あえて受動態（passive voice）にする場合は、焦点を移動させる必要がある時です。

実際のニュース放送から例を取ってみます（VOA Special English News, June 7, 2003）。"Attacks by Palestinians have killed more than 750 Israelis since 2000."（パレスチナ人による攻撃は、二〇〇〇年以来、七五〇人以上のイスラエル人を殺しました）は、主語が「（パレスチナ人による）攻撃」になっている能動態で、普通の英文です。こなれた日本語に訳せば、「二〇〇〇年以来、七五〇人を超すイスラエルの人々がパレスチナの攻撃によって犠牲になりました」となり、誰が攻撃したのか明白です。次に続く文章は、"More than 2000 Palestinians have been killed during the same period."（同時期に、二〇〇〇人以上のパレスチナ人が犠牲になりました）となっています。今度は受動態です。「二〇〇〇人以上のパレスチナ人が殺された」ことに焦点が当てられていますが、誰が攻撃したのかは分かりません。常識的には"by Israelis"が入り、"More than 2000 Palestinians have been killed by Israelis during the same period."となり、イスラエル人によって攻撃されたと考えられます。しかし言っていないのだから、ニュースを聞いている人たちには明示的には分かりません。英語は常に主語が必要な言語ですが、動作の主体を明確にしたくない場合は受動態を使い、ぼかすことが可能です。英語のニュースを聞いたり読んだりする場合に、ここまで読み取ることは至難ですが、メディア・リテラシーの一環として、少なくとも注意を払うことは重要で、それには文法的な知識が力を発揮することになります。

英文法の話に戻ると、このような、能動態と受動態の意義と違いを実際の英文を読んで説明した上で、状況を設定して、どちらが使えるか、どちらを使うと効果的になるかという練習を、書くことと話すことの両方で行えば、コミュニケーションに使える発信型の英語と文法が繫がってきます。

文法は大切です。しっかり学んで欲しいと思います。文法が余りにめちゃくちゃだと、特に書かれた英文の場合、教育程度が低いと思われてしまい損をします。ただし、話す時に神経質になる必要はありません。間違えても意味が通じれば良いのですから、心配せずに、ともかく話すことが最優先です。外国語を完璧に話すなど無理です。知っていたって間違えるのが言葉です。でも文法、つまり言葉の仕組みを知らないでいるのは、自力で英語を作り出せないことを意味します。学ぶ時はきちんと学ぶ、使う時には恐れず大胆に、というのが外国語習得のコツでしょうか。

次章では、グローバル時代に必要な発信型のコミュニケーション能力について、考えてみることにします。

---

(1) Jenkins, J. 2000. *The phonology of English as an international language*. Oxford University Press.

第二章　発信するための英語

英語を「共通語」として位置付けた際に、鍵となるのは、「発信できる力」だと思います。

これまでの日本を歴史的に振り返れば、外国語を習得する目的は主に外国から学ぶための「受容」でした。古くは漢籍を学んで中国文明を摂取してきましたし、幕末から明治時代には盛んに西欧の言語を学び書物を翻訳して近代化を成し遂げました。話すということよりは、書物を読んで理解し、そこから何かを得る、というのが外国語学習の目的でした。

しかし現代は、人間や情報がかつてないほどの頻度と速度で国境を越えて行き交うボーダーレス時代です。そのような世界で求められる英語は、単なる受容にとどまらず、「発信」型のコミュニケーション能力を伴うものでなければなりません。相手から発信されるメッセージを、それが書かれたものであれ話されたことであれ、理解して終わるのではなく、それに対しての反応をこちらからも発信して相手との対話を深めることで相互理解が可能になります。それがグローバル時代に求められるコミュニケーション能力だといえます。

そのような発信型のコミュニケーション能力に欠かせないのは、母語が基盤となった豊かな言語力だと思います。そこから、話す内容を生み出す思考力、異質性を排除することなく対人関係を構築する力、ものごとを批判的に読み解く力、そして自分の思考を表現するための発信力が生まれます。これは、英語だけの問題ではなく、全人的な教育になります。だからこそ学校教育では、一貫性のある言語力育成が重要となり、それには小中高大を繋ぐ縦軸と教科横断的な横軸とがあると私は考えています。

しかし、ここではそこまで話を広げるのではなく、発信型コミュニケーションを目指す国際共通語としての英語という観点から、求められることを考えてみます。

まずは、英語を話す、書くという能動的な発信力です。ところがそれは、受動能力としての読む力があってはじめて培われるものなのです。「日本を理解してもらう」という抽象的なことにとどまらず、自分が言いたいことを英語で発言する、主張したいことを英語で述べるという、人間が言葉を使う当たり前の目的を果たすためには、会話パターンを暗記するだけでは間に合いません。内容のある英文を読み、それを土台に書いてみることで、話す力が生み出されるのです。遠回りのようでいながら、結局、その手順を踏むことが、もっとも確実だというのは、古くは長崎通詞《つうじ》、現代なら同時通訳者の例でもよく分かります。斎藤兆史《よしふみ》さんは『英語襲来と日本人』(1)で、米国暮らしが長く耳から英語を学んだジョン万次郎の英語と比べて、明治のエリートたちが英語と接する機会が少なかったのにも拘らず文法的に正しく高度な内容の英文を書くことができたのは、基礎的な読み書きの練習と文法学習による、と検証しています。

そして書く、話すという発信力を発揮するにあたって大切なのは、自分の英語で発信することです。国際共通語としての英語は、もはや英語の母語話者を規範にする必要はない、と既に説明しました。英語として通用するために最低限のことを学んだ後は、自分の英語で臆せず発信することが何より求められます。ネイティブ・スピーカーではないのだからネイティブ・スピーカーのように話せるわけもなく、その必要もない、と割り切って、間違いなど気にせず、自分の英語で話すことです。

面倒がらずに自分の英語で

二〇〇九年四月から始まったNHK教育テレビ「ニュースで英会話」というクロスメディアの英語番組では、テレビ、ラジオ、ウェブ、携帯、ワンセグと多様なメディアを活用し、NHK World TVという海外で放映されている日本発の英語ニュースを教材に、「ニュースを理解することを目的化するのではなく、旬のニュースを話題に自分の意見が言えるような発信型の英語」を目指しています。

ニュースでは発信型コミュニケーションのお手本のような英語が時々登場します。ダライ・ラマ十四世が成田に立ち寄って記者会見をした際の英語も、そのひとつです。お世辞にも流暢な英語ではありません。その英語を聞いて誰もネイティブ・スピーカーが話しているとは思いません。しかしダライ・ラマは、上手な英語をかっこよく話そうなどとは最初から思っていないのでしょう。そんなつまらぬことは気にしない様子がありありとしていました。自分の考えを話したい、それをたまたま英語で表現している、という感じです。ゆっくりと、はっきりと、自分の言いたいことを語ります。堂々と話しています。そして、その主張は間違いなく、世界に伝わります。ジャーナリストに言わせると、ダライ・ラマは、このように語ることで世界を説得する、偉大なコミュニケーターなのだそうです。きれいな英語だの、正確な英語だのは、些細《ささい》なことであるのがよく分かります。

では、ダライ・ラマのように、自分の英語を使いこなすには、どうしたら良いのでしょう。

乱暴な言い方をすれば、英語という言語の基本さえ学んでおけば、あとは話すべき内容を持っていることが決め手です。そして次に重要なのが、自分が考えていること、言いたいことを、口に出して表現するのをいとわない意欲です。

例えば、オーストラリアでの山火事が話題になった時、「どこがどのくらい燃えているか、刻々と知らせる警報システムがオーストラリアにはあるんだって」と米国人が紹介したことがあります。すると、それを受けた日本人は、「そうなんですかァ。素晴らしいですね。日本は、その点まだまだですね」と感心してみせました。ある意味で、非常に日本人らしい反応とも言えます。しかし、この対話を発信型の英語コミュニケーションに転換するには、ここで、もうひとつ、付け加えて欲しいのです。「日本では、地震や津波の警報システムがあって、リアルタイムで注意報が出るんですよ」。これは我田引水ではなく、このような新しい情報を紹介することで、対話が作られていくのです。一人が話題を投げかけたら、もう一人がそれに対して新たな何かを付け加えて投げ返す。はじめはオーストラリアの山火事の話題だったのが、日本の地震や津波の警報についての新たな話題に発展していく。これがインターアクション（interaction）であり対話（dialogue）です。一方的に聞いて感心するだけでは、投げて終わる「ボウリング型会話」になってしまいます。対話は、キャッチボールでなければ続きません。投げられたら、投げ返すのが、対話なのです。

ちなみに「津波」は英語になっていて、tsunamiと言えば良い、ということなどは、英語ニュースを聞いたり読んだりしていれば分かります。ふだんから「これは英語でなんて言うのかな？」とアンテナを張っていることは、英語で発信する際に必須です。言いたいことがあって話す意欲があっても、先立つ語彙がなければ、地団太《じだんだ》を踏むことになりかねません。

しかし、たまたま単語を知らなくても、あきらめる必要はありません。これまでのボキャブラリーを活用して何とかひねり出せばよいのです。たとえば先ほどの山火事がトピックだったとすると、日本人学習者の常として、まず「えっと、『山火事』って、英語で何て言うのかな？」と考えるでしょう。電子辞書が手元にあれば直ちに引いてみるし、なければ黙ってしまうか、思い切って“mountain fire”と直訳してみるでしょう。ところがもし相手が、英語では“forest fire”と言うのだ、などと訂正しようものなら、すっかり自信を喪失してしまいます。「そうかァ、フォーレスト・ファイアーかァ。まだまだ駄目だな、もっと英語やらなきゃ」。

しかし、この程度の違いなど、たいしたことではないのです。オーストラリアでは別に、“bush fire”という表現も使うようですし、“mountain fire”で全く通じないことはないでしょう。一瞬、「山が爆発した？」と思うかもしれない英米人も、「へえ、日本語では、〈山が燃えてる〉って言うんだ」と日本語についての知識を得ることになります。同じ「火事」という現象を、英語では「燃えている木」に着目して表現し、日本語では全体を見て「山が燃えている」と表現しているのです。これが異なる文化の間、異なる言語の間のコミュニケーションというものであって、そのギャップを埋めようと対話を続けることで、新たな理解が生まれ、世界が広がることにつながります。

NHK「ニュースで英会話」で取り上げる素材には、日本についての海外向け英語ニュースもよく登場します。たとえば二〇一〇年には大相撲の八百長問題があります。日本語の「八百長」というのは、八百屋の長兵衛が年中していたことから出来た言葉のようですが、英語では match（試合）を fix（前もって決める）、つまり match-fixing と言います。英語で日本のニュースを読んだり聞いたりすれば出てきますが、知らなくても慌てることはありません。ある学習者が“Winners of Sumo matches were decided beforehand.”（試合の前に勝負が決められていた）と説明したのに感心しました。このように表現してみれば、どの国の人にも大体分かってもらえるでしょうし、英語を知っている相手なら、

match-fixing のことね、と受けてくれるので、あ、英語ではそう言うのか、と学べます。番組ではアメリカ人講師に「英語で match-fixing という言葉があるということは、英語圏でも八百長はあるわけ?」と聞いてみたところ、「一九一九年のワールドシリーズで Chicago White Sox が match-fixing をやって、Black Sox Scandal と言われた」ということで、野球に疎《うと》い私は新しい知識を得ました。

もっとも、このような対話を英語で可能にするには、エネルギーが要ります。相手が何か言ってきても、I see. くらいでお茶を濁して後は黙っていれば楽だし、こちらから英語であれこれ喋るなんて、ぶっちゃけ面倒、という気持ちが先に立ってしまう人がいるかもしれません。

しかし、それでは国際英語を使いこなすことにはならないのです。面倒くさい、黙っていよう、という選択をするなら、日本語を解さない相手とのコミュニケーションは断念するしかありません。それでも日本で生きていく上で大きな支障はないでしょうが、せっかく義務教育で英語を学んだのに、そしてせっかくそれを使う機会ができたのに、使わないではもったいないし、使わないことで悔しい思いをするのは残念です。

国際共通語としての英語を駆使する、というのは威勢が良く、心地よい響きがあります。しかし現実には、「話そう」という意欲と積極性が不可欠ですし、面倒なこともあります。うっかり一言しゃべったら、"What do you mean?" などと問い返されて、深みにはまることもあります。それでも、自分が持ち合わせている英語の知識を何とかかき集めて言葉として口から出す努力をすることが、発信型の英語なのです。

日本人と言ったって、個性はいろいろですから、全員がそのような積極性を持ち合わせているとは限らず、押しが強くないから人間としての価値が減じるかと言えば、そんなことは無論ありません。けれども、国際英語を使いたいというのなら、受け身ではいられないのです。「話せるようになりたい」と夢みているだけではダメなのです。冷や汗をかいて恥をかいてでも話してみないと、英語を使って発信することにはなりません。

外国語学習の新たな考え方

分かった、じゃあ、頑張って英語を勉強して、面倒がらずに使ってみよう、と決意を固めたとして、では、どのような英語をどのくらいやれば良いのでしょうか。

ひとつの参考として、ＥＵの言語政策と外国語学習に関する新たな考え方を見てみたいと思います。

　ご承知のようにヨーロッパはＥＵ（欧州連合）として統合を進めていますが、統合にあたっては「多様性の中の統一（Unity in Diversity）」を目指し、そのために「多言語主義」を掲げています。二〇一〇年現在、二七加盟国の公用語である二三言語が公式用語として認められているのは、一九五八年の閣僚会議（現ＥＵ理事会）規則第一号「加盟国の公用語をすべてのＥＵ機関の公用語とする」という決定に拠っています。そのため、ＥＵは通訳・翻訳に膨大な予算を惜しまず、通訳と翻訳にＥＵ運営予算の約一三％をかけているのです。安保理常任理事国の言語に加えスペイン語と後から加えたアラビア語の六言語だけを公用語と定めている国連とは、この点で大きく異なっています。

「多言語主義（multilingualism）」は、社会の中で異なる言語が共存している状態、もしくは教育制度の中で学習する言語を多様化することを指します。

　その多言語主義を可能にするために、欧州評議会（Council of Europe）は、市民が母語以外に複数の言語を学ぶ「複言語主義（plurilingualism）」を推進しています。

「複言語主義（plurilingualism）」

複言語主義を簡単に説明すると、一つ以上の言語を学ぶには全ての言語知識と経験が寄与し、言語同士が相互の関係を築き相互に作用し合うことで新たなコミュニケーション能力が作り上げられる、ということになります。

複言語主義が求める新たな言語学習の目的とは、「全ての能力がその中で何らかの役割を果たすことができるような言語空間を作り出す」ことにあります。換言すれば、言語教育とは、ホリスティックな全人的な学習である、ということでしょうか。

教育機関での言語学習は、多様性を持つことにより、生徒が複言語的能力を身につける機会を与えられることを複言語主義は求めますが、特筆すべきなのは、「言語学習が一生のものである」ことを認識し、教育関係者の責任は「単に一定の言語について一定の期間に一定の熟達度に到達させることのみに限定されるものではない」と指摘している点です。これまでのように、単にいくつかの外国語を無関係に学習するのではなく、また、「理想的な母語話者」を究極的な目標とするのでもありません。授業という限定的な場で、ある段階まで教えたら学習は終わりという言語教育ではなく、これまでの言語体験を十全に生かしながら継続的に続けるのが本来の言語学習だという立場です。つまり、言語学習を継続する力を育成し、新たな言語世界を切り拓く力を獲得させること、新しい言語体験に向き合った時に対応できる力を育成することが重要になるわけです。

そして学ぶ対象は外国語とは限らず、自国内の少数言語も入ります。日本なら、沖縄の言語、アイヌの言語を学ぶということになります。

「複言語主義」はかなり理念的なので、分かりにくいかもしれませんが、実際に施行されている政策を見ると、その意義が理解しやすくなるかもしれません。ひとつは、「欧州言語ポートフォリオ（European Language Portfolio）」、もうひとつは「欧州言語共通参照枠（CEFR＝Common European Framework of Reference for Languages）」というもの[2]です。

「欧州言語ポートフォリオ」は、学習者の言語学習や異文化体験を記録し、それを公的な形で認める仕組みです。そして、それを可能にするために生み出されたのが、「欧州言語共通参照枠（CEFR）」です。

言語共通の参照枠

各言語共通の参照枠は、言語の種類を問わず教育カリキュラムの枠組みを設け、身につけた言語がどの程度のレベルか熟達度を客観的な基準で提示できるようにしておけば、学習の向上に役立つ、という考えから開発されました。

欧州評議会は、その目的を次のように述べています。

ＣＥＦの目的はヨーロッパの言語教育のシラバス、カリキュラムのガイドライン、試験、教科書、等々の向上のために一般的基盤を与えることである。言語学習者が言語をコミュニケーションのために使用するためには何を学ぶ必要があるか、効果的に行動できるようになるためには、どんな知識と技術を身につければよいかを総合的に記述するものである。そこでは言語が置かれている文化的なコンテクストをも記述の対象とする。ＣＥＦはさらに学習者の熟達度のレベルを明示的に記述し、それぞれの学習段階で、また生涯を通して学習進度が測れるように考えてある。

こうして生まれたCEFRは、言語の学習、教育や評価のための包括的で一貫性のある共通参照枠として、既にEU各国で活用されており、日本を含め世界の外国語教育に大きな影響を与えつつあります。この共通枠は、基本的には言語活動を広い社会的コンテクストの中で考える「行動中心主義」を理論的基盤にしており、さまざまなコンテクストにおいて学習者が言語で「何ができるか（Can-do）」という能力を記述しています。

全体的な枠組みとしては、コミュニケーションに関わる能力を一般的な能力とコミュニケーション言語能力に分け、異文化に関する意識は、「社会文化的知識」「異文化に対する意識」として一般的な能力に含めています。

コミュニケーションに関わる能力

＊一般的な能力（savoir）

世界に関する知識

社会文化的知識

異文化に対する意識

技能とノウハウ（savoir-faire）

学習能力（savoir-apprendre）

＊コミュニケーション言語能力（communicative language competences）

言語能力（語彙、文法、意味、音声、正書法、読字などの能力）

社会言語能力（敬称、発話の順番取りなど社会的関係を示す言語標識、礼儀上の慣習、ことわざ、言語使用域、方言など）

言語運用能力（ディスコース能力、機能的能力など）

端的に言ってしまうと、ＣＥＦＲとは、例えばＴＯＥＦＬ（Test of English as a Foreign Language）などのように一つの個別言語の熟達度を測るのではなく、どの言語であっても通用するように、言語使用と言語能力について細かく尺度を記述したものです。四技能別に分けてあるだけでなく、それぞれが細分されて詳しく記述されています。

例えば「話し言葉の質的側面」というだけでも、「使用領域の幅（range）」「正確さ（accuracy）」「流暢さ（fluency）」「やり取り（interaction）」「一貫性（coherence）」の五項目に分類され、それぞれレベルごとに詳細に内容が説明されています。

実際の枠組みは極めて精緻にできており、その全容をここで説明するのは難しいのですが、大枠だけ紹介しておきます。

まず、全体的尺度として言語使用者は三レベルに分けられています。一番上のＣレベルは「熟達した言語使用者（proficient user）」、次のＢレベルは「自立した言語使用者（independent user）」、最後のＡレベルは「基礎段階の言語使用者（basic user）」です（図表1）。

自立した言語使用者	B1	仕事、学校、娯楽で普段出会うような身近な話題について、標準的な話し方であれば主要点を理解できる。 その言葉が話されている地域を旅行しているときに起こりそうな、たいていの事態に対処することができる。 身近で個人的にも関心のある話題について、単純な方法で結びつけられた、脈絡のあるテクストを作ることができる。経験、出来事、夢、希望、野心を説明し、意見や計画の理由、説明を短く述べることができる。
基礎段階の言語使用者	A2	ごく基本的な個人的情報や家族情報、買い物、近所、仕事など、直接的関係がある領域に関する、よく使われる文や表現が理解できる。 簡単で日常的な範囲なら、身近で日常の事柄についての情報交換に応ずることができる。 自分の背景や身の回りの状況や、直接的な必要性のある領域の事柄を簡単な言葉で説明できる。
	A1	具体的な欲求を満足させるための、よく使われる日常的表現と基本的な言い回しを理解し、用いることもできる。 自分や他人を紹介することができ、どこに住んでいるか、誰と知り合いか、持ち物などの個人的情報について、質問をしたり、答えたりできる。 もし、相手がゆっくり、はっきりと話して、助け船を出してくれるなら簡単なやり取りをすることができる。

（出典＝図表２、３も：Council of Europe. 2001/2002. *Common European Framework of Reference for Languages : Learning, teaching, assessment.* Cambridge University Press. 吉島茂、大橋理枝（他）訳・編（2004）『外国語教育Ⅱ——外国語の学習、教授、評価のためのヨーロッパ共通参照枠』朝日出版社）

図表1　共通参照レベル：全体的な尺度

熟達した言語使用者	C2	聞いたり、読んだりしたほぼ全てのものを容易に理解することができる。 いろいろな話し言葉や書き言葉から得た情報をまとめ、根拠も論点も一貫した方法で再構成できる。自然に、流暢かつ正確に自己表現ができ、非常に複雑な状況でも細かい意味の違い、区別を表現できる。
	C1	いろいろな種類の高度な内容のかなり長いテクストを理解することができ、含意を把握できる。言葉を探しているという印象を与えずに流暢にまた自然に自己表現ができる。 社会的、学問的、職業上の目的に応じた、柔軟な、しかも効果的な言葉遣いができる。 複雑な話題について明確で、しっかりとした構成の、詳細なテクストを作ることができる。その際テクストを構成する字句や接続表現、結束表現の用法をマスターしていることがうかがえる。
自立した言語使用者	B2	自分の専門分野の技術的な議論も含めて、抽象的かつ具体的な話題の複雑なテクストの主要な内容を理解できる。 お互いに緊張しないで母語話者とやり取りができるくらい流暢かつ自然である。 かなり広汎な範囲の話題について、明確で詳細なテクストを作ることができ、さまざまな選択肢について長所や短所を示しながら自己の視点を説明できる。

四技能に関する自己評価表では、聞くことと読むことが「理解すること」としてまとめられ、次に「話すこと」、そして「書くこと」についての能力が記述されています(図表2)。

B2	C1	C2
長い会話や講義を理解することができる。また、もし話題がある程度身近な範囲であれば、議論の流れが複雑であっても理解できる。 たいていのテレビのニュースや時事問題の番組も分かる。 標準語の映画なら、大部分は理解できる。	たとえ構成がはっきりしなくて、関係性が暗示されているにすぎず、明示的でない場合でも、長い話が理解できる。 特別の努力なしにテレビ番組や映画を理解できる。	生であれ、放送されたものであれ、母語話者の速いスピードで話されても、その話し方の癖に慣れる時間の余裕があれば、どんな種類の話し言葉も、難無く理解できる。
筆者の姿勢や視点が出ている現代の問題についての記事や報告が読める。 現代文学の散文は読める。	長い複雑な事実に基づくテクストや文学テクストを、文体の違いを認識しながら理解できる。 自分の関連外の分野での専門的記事も長い、技術的説明書も理解できる。	抽象的で、構造的にも言語的にも複雑な、例えばマニュアルや専門的記事、文学作品のテクストなど、事実上あらゆる形式で書かれた言葉を容易に読むことができる。

図表2　共通参照レベル：自己評価表

		A1	A2	B1
理解すること	聞くこと	はっきりとゆっくり話してもらえれば、自分、家族、すぐ周りの具体的なものに関する聞き慣れた語やごく基本的な表現を聞き取れる。	（ごく基本的な個人や家族の情報、買い物、近所、仕事などの）直接自分に関連した領域で最も頻繁に使われる語彙や表現を理解することができる。 短い、はっきりとした簡単なメッセージやアナウンスの要点を聞き取れる。	仕事、学校、娯楽で普段出会うような身近な話題について、明瞭で標準的な話し方の会話なら要点を理解することができる。 話し方が比較的ゆっくり、はっきりとしているなら、時事問題や、個人的もしくは仕事上の話題についても、ラジオやテレビ番組の要点を理解することができる。
	読むこと	例えば、掲示やポスター、カタログの中のよく知っている名前、単語、単純な文を理解できる。	ごく短い簡単なテクストなら理解できる。 広告や内容紹介のパンフレット、メニュー、予定表のようなものの中から日常の単純な具体的に予測がつく情報を取り出せる。 簡単で短い個人的な手紙は理解できる。	非常によく使われる日常言語や、自分の仕事関連の言葉で書かれたテクストなら理解できる。 起こったこと、感情、希望が表現されている私信を理解できる。

B2	C1	C2
流暢に自然に会話をすることができ、母語話者と普通にやりとりができる。身近なコンテクストの議論に積極的に参加し、自分の意見を説明し、弁明できる。	言葉をことさら探さずに流暢に自然に自己表現ができる。 社会上、仕事上の目的に合った言葉遣いが、意のままに効果的にできる。自分の考えや意見を精確に表現でき、自分の発言を上手に他の話し手の発言にあわせることができる。	慣用表現、口語体表現をよく知っていて、いかなる会話や議論でも努力しないで加わることができる。 自分を流暢に表現し、詳細に細かい意味のニュアンスを伝えることができる。 表現上の困難に出合っても、周りの人がそれにほとんど気がつかないほどに修正し、うまく繕うことができる。
自分の興味関心のある分野に関連する限り、幅広い話題について、明瞭で詳細な説明をすることができる。 時事問題について、いろいろな可能性の長所、短所を示して自己の見方を説明できる。	複雑な話題を、派生的問題にも立ち入って、詳しく論ずることができ、一定の観点を展開しながら、適切な結論でまとめ上げることができる。	状況にあった文体で、はっきりとすらすらと流暢に記述や論述ができる。効果的な論理構成によって聞き手に重要点を把握させ、記憶にとどめさせることができる。
興味関心のある分野内なら、幅広くいろいろな話題について、明瞭で詳細な説明文を書くことができる。 エッセイやレポートで情報を伝え、一定の視点に対する支持や反対の理由を書くことができる。 手紙の中で、事件や体験について自分にとっての意義を中心に書くことができる。	適当な長さでいくつかの視点を示して、明瞭な構成で自己表現ができる。 自分が重要だと思う点を強調しながら、手紙やエッセイ、レポートで複雑な主題を扱うことができる。 読者を念頭に置いて適切な文体を選択できる。	明瞭な、流暢な文章を適切な文体で書くことができる。効果的な論理構造で事情を説明し、その重要点を読み手に気づかせ、記憶にとどめさせるように、複雑な内容の手紙、レポート、記事を書くことができる。仕事や文学作品の概要や評を書くことができる。

		A1	A2	B1
話すこと	やり取り	相手がゆっくり話し、繰り返したり、言い換えたりしてくれて、また自分が言いたいことを表現するのに助け船を出してくれるなら、簡単なやり取りをすることができる。直接必要なことやごく身近な話題についての簡単な質問なら、聞いたり答えたりできる。	単純な日常の仕事の中で、情報の直接のやりとりが必要ならば、身近な話題や活動について話し合いができる。通常は会話を続けていくだけの理解力はないのだが、短い社交的なやりとりをすることはできる。	当該言語圏の旅行中に最も起こりやすいたいていの状況に対処することができる。例えば、家族や趣味、仕事、旅行、最近の出来事など、日常生活に直接関係のあることや個人的な関心事について、準備なしで会話に入ることができる。
	表現	どこに住んでいるか、また、知っている人たちについて、簡単な語句や文を使って表現できる。	家族、周囲の人々、居住条件、学歴、職歴を簡単な言葉で一連の語句や文を使って説明できる。	簡単な方法で語句をつないで、自分の経験や出来事、夢や希望、野心を語ることができる。意見や計画に対する理由や説明を簡潔に示すことができる。物語を語ったり、本や映画のあらすじを話し、またそれに対する感想・考えを表現できる。
書くこと	書くこと	新年の挨拶など短い簡単な葉書を書くことができる。例えばホテルの宿帳に名前、国籍や住所といった個人のデータを書き込むことができる。	直接必要のある領域での事柄なら簡単に短いメモやメッセージを書くことができる。短い個人的な手紙なら書くことができる：例えば礼状など。	身近で個人的に関心のある話題について、つながりのあるテクストを書くことができる。私信で経験や印象を書くことができる。

発信型コミュニケーションの面から気になる「話し言葉（spoken language）」の能力を見てみると、次のように記述されています（図表3）。

やり取り	一貫性
非言語標識、あるいはイントネーション標識を選んで使い、明らかに無理せずに、軽々と上手に会話をすることができる。発言の機会を自然に上手につかみ、前の発言に言及したり示唆したりしながら、会話の流れに寄与することができる。	適切に多様な談話構築手法と幅広い接続表現、結束手段を用いて、具体性があり、脈絡があり、また一貫性のある談話をすることができる。
手持ちの談話表現からふさわしい語句を選んで、自分の話を切り出したり、話を続けることができる。自分の発言を他の話や相手の発言に関係づけられる。	談話構築手法、接続表現、結束手段が使いこなせ、明瞭で流れるような、構成の整った話をすることができる。
いつもエレガントとはいかないが、適切に発言の機会を獲得したり、必要なら会話を終わらせることができる。身近な話題の議論で、人の発言を誘ったり、理解を確認したり、話を展開させることができる。	使うことができる結束手段は限定されており、長く話すとなるとぎこちなさがあるが、発話を明瞭で一貫性のある談話につなげることができる。
身近な個人的な関心事について、一対一なら、話を始め、続け、終わらせることができる。お互いの理解を確認するために、誰かが言ったことを部分的に繰り返して言うことができる。	一連の短い、不連続な単純な要素を連結し、並べていって、話ができる。

図表3　共通参照レベル：話し言葉の質的側面

	使用領域の幅	正確さ	流暢さ
C2	細かい意味のニュアンスを正確に伝えたり、強調したり、区別したり、あいまいさを避けるために、いろいろな言語形式で自由に言い換えができ、非常に柔軟に考えを表現できる。慣用表現、口語体表現も上手に用いることができる	例えば、先を考えたり、他人の反応に注意を向けながらも、複雑な言葉を文法的に正しく使える。	自然な流れの口語体で、ある程度の長さの自己表現ができる。難しいところは避け、修正を円滑に行い、相手がそれと気がつかないぐらいである。
C1	幅広い言葉の使いこなしができ、一般的、学術、仕事、娯楽の幅広い話題について、言いたいことを制限せずに、適切な文体ではっきりと自分を表現できる。	文法的な正確さを大体において維持することができる。誤りはめったにないし、まず気づかれないし、実際に犯したとしてもたいていは自分で訂正できる。	概念化が難しいときにのみ、言葉の自然な滑らかさが妨げられるが、それ以外は、流暢に自然に、ほとんど苦労せずに自己表現できる。
B2	充分に言葉を使いこなすことができ、一般的な話題についてなら、ある程度複雑な文を用いて、言葉をわざわざ探さなくても自分の観点を示し、はっきりとした説明をすることができる。	比較的高い文法能力を示す。誤解を起こすような誤りはしない。たいていの間違いは自分で訂正できる。	文例や表現を探すのに詰まったりするが、気になるような長い休止はほとんどなく、ほぼ同じテンポである程度の長さで表現ができる。
B1	家族、趣味、興味、仕事、旅行、現在の出来事のような話題について、流暢ではないが、言い換えを使いながら表現するだけの語彙を充分に有している。	予測可能な状況で、関連した非常によく用いられる「決まり文句」や文型をかなり正確に使える。	長い一続きの自由な発言をするとき特に、文法を考えたり語彙を探したりする際の言いよどみや言い直しが多く、修正が目立つが、分かりやすく話を進めることができる。

やり取り	一貫性
質問に答えられ、簡単な話に対応することができる。自分で会話を続けることができるほどには充分に理解できていないことが多いが、話について行っていることを分からせることができる。	‘and’「そして」、‘but’「でも」、‘because’「なぜなら」などの簡単な接続表現を使って単語の集まりを結びつけることができる。
個人的な事柄について詳しく質問をしたり、答えることができる。繰り返し、言い換え、修正に完全に頼ったコミュニケーションではあるが、簡単な会話はできる。	単語の集まりや個々の単語を‘and’「そして」、“then”「それで」などのごく基本的な接続表現を使って結びつけることができる。

	使用領域の幅	正確さ	流暢さ
A2	覚えたいくつかの言い回しや数少ない語句、あるいは定式表現、基本的な構文を使って、日常の単純な状況の中でなら、限られてはいるが情報を伝えることができる。	まだ基本的な間違いが決まったところで出てくるが、いくつかの単純な構造を正しく用いることができる。	休止が目立ち、話し出しの仕方の間違いや、言い直しが非常にはっきり見られるが、短い話ならできる。
A1	個人についての情報や具体的な状況に関する基本的な語や言い回しは使える。	限られた文法構造しか使えず、構文も暗記している範囲でのみ使える。	表現を探したり、あまり知らない語を発音したり、コミュニケーションを修正するためにつっかえ、つっかえ話すが、単発的な、予め用意された発話ならすることができる。

話すことと同じ能動的な発信能力である「書くこと（writing）」についての能力記述を原著で見ると（図表2に対応）、最高レベル（C2）では、「明瞭で自然に流れるような文章を適切な文体で書くことができる（I can write clear, smoothly-flowing text in an appropriate style.）。複雑な内容の手紙、レポート、論考を、重要な点を読み手に気づかせ記憶にとどめさせるよう、効果的な論理構造で書くことができる（I can write complex letters, reports or articles which present a case with an effective logical structure which helps the recipient to notice and remember significant points.）。専門書や文学作品の概要や批評を書くことができる（I can write summaries and reviews of professional or literary works.）」とあります。

最低レベル（A1）では、「時候の挨拶など短い簡単な葉書を書くことができる。例えばホテルで名前、国籍や住所といった個人データを記入することができる」となっています。その間に四段階のレベルがありますが、書くものの種類や分量の違いだけでなく、書く内容の質が問われているのが特徴的です。

特に「論理構造（logical structure）」が取り上げられているのは最上級レベルのC2だけですので、難易度が高いことが分かります。これは具体的にどういうことを指すのか、鳩山由紀夫首相（当時）の論文を例に考えてみます。

国際コミュニケーションの視点からみた鳩山論文⑶

鳩山由紀夫氏が首相に就任する直前、論文がニューヨークタイムズ紙（二〇〇九年八月二六日付）に掲載され、内外で話題になりました。これは雑誌「ＶＯＩＣＥ」（同年九月号）に発表した日本語論文が鳩山事務所により氏のホームページ用に英訳され、米国の配信会社によるその要約が、ニューヨークタイムズ紙に掲載されたものです。鳩山事務所が英訳したものと、米国の配信会社が要約した二種類の英語をコミュニケーションの視点から比較すると、非常に示唆的です。

もとになった鳩山事務所による英語訳は、タイトルも含めすべてを忠実に訳しており、五四一〇語と長いものです。それを、世界一〇〇の主要新聞に記事を配信しているグローバル・ビューポイント（本社は米国ロサンゼルス）が鳩山事務所の了解を得て短縮した要約版は一一〇〇語と短く、「私の政治哲学」というもともとの論文タイトルは、ホームページ訳の“My Political Philosophy”ではなく、“A New Path for Japan”と変更されています。

内容自体は変わっていないのですが、論文の構成は大幅に異なっていて驚くほどです。ホームページ英訳版は、オリジナルそのままの流れで訳してあるので、冒頭は祖父・鳩山一郎と「友愛」について詳しく解説し、その後、社会福祉や地方分権など国内政治について論じ、東アジア共同体構想へと論が展開します。日本語で読むと自然な流れなのですが、英訳版で読むと主張の焦点がどこにあるのか分かりにくく、冗長な印象を受けます。米国式要約版は、それを抜本的に編集してあります。

まず冒頭で、冷戦以降の日本では米国発のグローバリズムと市場原理主義により人間の尊厳が失われた、と主張します。それこそが現代日本の課題であると述べ、そのために必要な理念として「友愛」が登場します。鳩山一郎への言及はばっさりカットされていますが、鳩山由紀夫氏の考える「友愛」の定義は紹介されています。グローバリズムへの対応について、日本の伝統や生活習慣がなおざりにされてきたことの弊害をただす対策は「友愛」をもとにすべきだと論じ、「友愛」から生まれるもうひとつの国家目標として東アジア共同体構想が詳細に語られます。

この要約版では、不要と判断した箇所は思い切って削除し、論文の中盤にあった重要なポイントを抜粋して前に移動しています。その移動だけでも、英語として自然な論理構成となり、読んで分かりやすく、もとの英訳版よりはるかにインパクトの強い英文に仕上がりました。

日米安保を基軸にしながらもアジアの一員として日本独自の路線を模索する、という主張に焦点が当てられ論旨が明快になったため、米国政府内で批判も出ましたが、これまでの日本の政治家に多かった「何を言いたいんだか分からない」という感想ではなく、凡庸な論文だと無視されたわけでもありません。建設的な批判なら、むしろ議論は歓迎すべきことです。

英語の論理構成では、書くにしても話すにしても、最初に最も重要な主張を提示し、次にそれを検証したり補強したり敷衍《ふえん》したりして論じるのが定石ですので、鳩山氏の主張を冒頭に移し、その具体的な論点を順序立てて並べることは、英語の論理構成としては当然になります。その意味では、いくら祖父とはいえ鳩山一郎氏の思想の紹介部分は削除対象となります。首相となる本人の考えを知りたいのであって、お祖父さんがどう考えたかなどはどうでも良い、ということでしょう。加えて、一般の米国人に馴染みのない国内政治への言及部分も削除されています。

ここから学べる教訓があるとすれば、英語によるコミュニケーションについては、英語的な論理構成をこころがける方が得策ということです。原文を忠実に訳した日本式英語は、翻訳論的には問題ないのですが、海外メディアへの対応という点からは不十分です。対象が海外の読者だからこそ英語に訳すのでしょうから、英語的なロジックで簡潔にして筋道立った構成にしないと最後まで読んでもらえないどころか、誤解されることもあり得ます。日本式の文章構成法には日本語の文化が内包されているわけで、それを大切にしつつも、文化的背景を説明する余地のない状況で英語を使って発信するには、日本的発想から脱皮することも時には必要になるでしょう。これは日常会話レベルの英語力をはるかに超えた能力で、CEFR（欧州言語共通参照枠）では最高レベルとされていますが、インターネット時代は既に英語的ロジックでの発信が常識になりつつあります。

Eメールだって、最後の方で主張を打ち出しても、スクロールしてまで全文を読んでもらえない可能性があります。大切なことは最初に持ってこないと、「ごみ箱」行きになるかもしれません。英語もインターネットも最初が肝心。そしてこれは書くだけでなく、話す際にも、同じことが言えます。まずは大事なことを言わないと聞いてもらう機会を逸します。結論を最初に言ってしまい、それからゆっくり理由を説明すればよいのです。スピーチやプレゼンテーションなら、まずは「これから自分が何を話すか」を紹介する、次に詳しく内容を話す、最後に「今、こういうことを話しました」とまとめる、というのが英語の論理構成です。

グローバリゼーションのひとつの帰結として英語が国際共通語となっている現実をふまえると、特に政治や外交では、最大公約数の理解を得る方策として英語コミュニケーションの特質を知り、英語的論理展開で書き、話すことは鍵となるでしょう。

欧州評議会が複言語主義を打ち出している背景には、英語支配への危機感があることは確かですし、英語支配の弊害については私たち日本人も常に意識的であるべきです。英語一辺倒ではなく多言語を学ぶことが多様性の確保、ひいては人類の持続可能な未来（a sustainable future）への必須条件だ、ということも忘れてはならないと考えます。

ただ、そのような危機意識は堅持しつつ、国際共通語としての英語という視点で考えれば、どのような職業に就き、どこで何をしようとも、必要となった際に最低限の英語を使えるようにしておくことには意味があるでしょう。インターネットである程度の読み書きができるくらいの読む力、書く力、そして対面コミュニケーションの場に遭遇した際に何とか対話を成立させられるだけの聞く力、話す力。

もっとも、「自分の英語で」「最低限の話す力」と言うと「テキトーな英語でいいんですね」「カジュアルな実践英語ですね」と、嬉しそうに勘違いする人がいますが、これは誤解です。学ぶ時には、きちんとした英語を学ぶ、でも話す時に完璧を目指したら話せなくなってしまうから「自分の英語で構わないですよ」と言っているわけで、「最低限の英語」は「テキトー」でもなければ「カジュアル」でもなく、「最低限の文法、構文や発音を守る」という意味です。それでも結果として間違えることは仕方ない、ということです。目指すべきは、きちんとした分かりやすい英語です。

それには、学校で教える英語が基本になりますが、限られた時間しかない学校英語に頼るだけでは不十分です。学校で学んだことを基礎に、自ら学ぶ意欲を持つ必要があります。外国語を獲得しようというのに、学校の教え方が悪いと文句ばかり言っていても生産的ではありません。「自律的に学ぶ」ことを継続する力さえあれば、国際共通語としての英語を使えるようになることは可能です。国際共通語としての英語は、完璧な英語である必要はなく、少々難ありでも、自分らしい英語であることが第一なのですから、自分の英語を作り上げるくらいの気概で使いこなして欲しいと願うものです。

この点については、「動機づけ」の第六章で、さらに詳しく論じたいと思います。

(1) 斎藤兆史（2001）『英語襲来と日本人』講談社選書メチエ

(2) CEFRに関する記載は、主として吉島茂、大橋理枝（他）訳・編（2004）『外国語教育II——外国語の学習、教授、評価のためのヨーロッパ共通参照枠』朝日出版社に依拠しますが、時に原著 Council of Europe. 2001/2002. *Common European Framework of Reference for Languages : Learning, teaching, assessment.* Cambridge University Press から筆者が日本語訳したものも使います。

(3) 「鳩山論文の教訓：発信は英語の論理構成で」（朝日新聞、二〇〇九年九月一七日朝刊、二一ページ）に加筆。

第三章　「グローバル時代の英語」が意味するもの

グローバル時代の世界共通語は英語だ、と今や誰もが言います。しかし最近の日本では、過熱状態の英語志向がある一方で、英語なんて関係ない、と冷ややかな無関心層もいるようです。英語が国際語として機能しているのは事実だ、などという言説を安易に振りまくことこそが英語支配につながるのだ、という主張もあります。

英語が国際語化しつつある世界の状況、ゆえに英語が出来ると便利だという事実、だからこそ世界は英語に支配されつつあり危機に瀕しているという懸念、とはいえ日本で暮らしている限り英語と無縁であっても生きていかれるという実態。これらは、すべて現実社会の諸相だと思います。置かれた立場によって見えてくる現実が異なるので、人によって正反対の見方が出てきたりしますが、どれも現実の一面だと思います。英語を仕事にしている私が考えることも、ひとつの立場から物を言っているに過ぎませんが、私は、これらの相反する見方はすべて正しいと思っています。英語を仕事にする場合（単に仕事で英語を使うということではなく、英語教師や英語通訳者・翻訳者のように英語そのものが仕事となっている場合）を除いて、英語に人生を振り回される必要はないとも思います。ただ、外国語を学ぶということは世界を見る窓が増えるわけで楽しいですし、英語の汎用性を考えれば、英語がある程度分かると助かることが多いのも確かです。

たぶん、現在の日本が直面している課題は、英語支配の危険性を肝に銘じながらも、使えれば便利な英語という国際共通語と、どう折り合いをつけていくのか、ということだと思います。折り合いの中には、どういう英語をどの程度に習得したら良いのか、ということも入ります。

この章では、世界共通語になった（と言われる）英語の実態と功罪を考えてみます。「グローバル時代の英語」が何を意味するか、皆さんと理解を共有することが目的です。

国際共通語の実態

まず、英語は本当にグローバル世界の共通語なのか？　という点です。

まさにそうだ、という声はあちこちから出るでしょう。観光旅行に出かけた人たちからは、海外のどこを旅しても英語が通じたという体験談を耳にします。スポーツ選手にとって海外での試合は仕事の一部で、必要に迫られて英語を勉強しています、という話はよく聞きます。ビジネス界もそうです。日本の企業は、製造業も含めて、世界中に進出していますから、現地の工場で英語を使って仕事をしている社員や技術者の様子がテレビ番組などで紹介されています。外資系でもない日本企業が、「将来のグローバル展開」を視野に社内公用語を英語にすることを決めたのも、英語が国際共通語だからです。

自分自身の経験でも、数年前にそれを実感しました。英国の大学に提出した博士学位論文を、海外の出版社から英語で出版したいと思い、オランダと米国に本拠を置く大手出版社のウェブサイトから「オンライン出版応募」を試みました。すぐにアムステルダム本社の編集者から返事があり、審査して出版の是非を検討するから博士論文を送って欲しい、とEメールが来ました。出版に値する内容かどうかの審査を出版社から依頼された専門家が誰なのかは非公開でしたが、出版社を通して送られてきた審査コメントはすべて英語でした。最終的に出版を決定した翻訳学シリーズの編集長は、イスラエルの大学教授です。一年後に出版になった本(1)の推薦文を書いてくれたのは、英国と米国の大学教授です。そして著者の私は日本在住。使用言語はすべて英語で、原稿の提出、修正、校正から索引作成まで、すべてをEメールで行い、私は日本にいたままで、出版は実現しました。編集者や校閲者とは全く会わないまま、すべての作業が完了したことになります。英語とインターネットが世界を繋ぐグローバル時代とは、こういうものなのだ、と感じ入りました。

英語支配と英語格差

もちろん、そのような動きに対する反発や批判は世界中にあります。

インターネットを使えない人々や国々が不利益を被《こうむ》ることを「デジタル・デバイド(digital divide)」と言いますが、英語にも同じことが起きていて、英語を使えない人たちが不利な立場に置かれることを「イングリッシュ・デバイド(English divide)」と呼びます。カタカナで言うと余りピンと来ませんが(これが、実態を見えにくくするカタカナ語の怖さです)、日本語で言えば、「英語格差」です。これは非常に深刻な問題です。

なぜなら、英語ができれば有利だとなると、生まれた時から英語で育った母語話者(「ネイティブ」と日本では言いますが、正確には「ネイティブ・スピーカー(native speaker)」)は、何の苦労もなく生まれながらに特権的な立場を得ることになります。たまたま生まれてきた国が英語圏ではない多くの人間は、生まれ変わらない限り、どんなに頑張っても〈ネイティブもどき〉が関の山で、本物のネイティブ・スピーカーにはなれませんから、必然的に弱者の立場に置かれます。結果として世界は、英語話者と英語に支配されることになります。

グローバリゼーションというのは、要するに世界がアメリカ化することだとも言えるわけで、英語がグローバルな言語になるということは、英語のネイティブ・スピーカーが得をすることにほかならない、という指摘に繋がります。歴史を振り返ると、欧米諸国がアジアやアフリカの国々を植民地として支配したことがありましたが、これを帝国主義と呼ぶことから、二一世紀は英語帝国主義の時代だと批判する声があるくらいです。

英語以外の言語を母語として生まれてきた多くの人たち（日本語母語話者もそうです）は、苦労して英語を学んでいますが、ネイティブ・スピーカーにはかなわない。なにしろ英語ネイティブは、英語が母語なのですから、喧嘩になっても、腕力や知力はともかく、英語力では圧倒的に有利です。全く不公平な話です。英語が権力をふるっていて、英語以外の言語が抑圧されている状況は、言ってみれば英語帝国主義みたいなものだというのは、その通りです。

しかも、不公平を嘆きながらも、やっぱり英語はできないとまずいでしょ、と英語を学ぶことに夢中になっていると、そうとは気づかないうちに英語支配を甘受し、というか自ら進んで受け入れることになり、その結果として自らの言語や文化が絶滅の危機にさらされてしまうことがあり得るのがグローバリゼーションです。植民地では宗主国の言語を強制されましたが、現代は植民地ではないのに、無自覚のまま、英語に支配されることになる。英語支配に対する批判的精神を忘れてしまうことは、自らの言語や文化の将来を危うくすることになるわけです。

逆に言えば、そのようなことを考えなければならないほど、私たちは今、英語がグローバルな共通語になった時代に生きているわけです。ということは、私たちは、英語支配がもたらす弊害をきちんと直視し、危惧や懸念や憂慮や批判を十分に理解し、多言語共生という理想を追求しながら、同時に「普遍語となった英語」を活用するしかなさそうです。「地球語としての英語」「国際共通語としての英語」を、どう使いこなすのか。そのために必要なことが二点あると思います。「地球語としての英語」がどのような英語なのか、その実像を見極めることがひとつ。その上で、これまで私たち日本人が学んできた「英語」を再考し、これから学ぶべき「国際共通語としての英語」について、新たな視点と指針を探すことです。

世界の英語たち

英語が世界中で使用されていることは、国際英語、国際共通語、地球語、普遍語など、さまざまな表現で指摘されています。英語が英米以外の地域で使われるようになり新しい種類の英語が生まれてきたことから、本来は複数形にはならないはずのEnglish（英語）をあえて複数形にして、“New Englishes”（新しい英語たち）という表現も登場しました。Global Englishesと言う人もいます。

カチュル（Braj Kachru）という言語学者は、“World Englishes”（世界の英語たち）と呼び、世界には多彩な英語があり、英語は脱英米化した国際的機能を持つ、という見解を提示しました（Kachru, 1982/1992）。

カチュルは「世界の英語たち」を、同心円モデルを使って説明しています。同心円の中心には、英語を母語とする人たちが話す英語があります。その外側（outer circle）に、英語を第二言語として使う人たちの英語があります。旧植民地のインドやシンガポールなどが該当します。そのさらに外側を囲む（expanding circle）のが、外国語として使う人たちの英語です。私たち日本人は、外国語として英語を使うので、カチュルの同心円モデルでは、この一番外側の円に位置します。

このように同心円の一番外側にいるという位置づけは、重要な意味を持ちます。すなわち、一般の日本人にとって、英語は日常的に使用する第二言語ではなく、あくまで「外国の言葉」なのです。例えばインドなどは、イギリスの植民地であったという歴史的経緯から、多言語国家の共通語として英語を使っているので、中心よりは外側だけれど、一番外側よりは内側に位置しています。そういう国々と日本とは決定的に状況が異なります。日本は植民地になったことはなく、日本語が通じるので、日本に暮らしている限り英語は不要で日本語で足りる、という実に幸せな状況にあるのです。

「世界の英語たち」に戻ると、もはや英語は、同心円の中心にいる母語話者だけのものではなく、世界の共有財産なのです。英語を話す人の数からいっても、英語を第二言語として使う人と外国語として使う人の数を合わせると、十数億〜二十億人に達することは「はじめに」でも述べたとおりです。英語母語話者の三〜四億人に比べると圧倒的に多い。これだけの人々が世界各地で英語を共通語として使っている現状を考えると、英語のあり方自体が変わって当然であって、ネイティブ・スピーカーの規範に従う必要はなく、世界各地の言語の影響を受けながら使われて良い。平たく言えば、それぞれのお国訛りがあって当たり前、ということになります。脱英米、脱ネイティブ・スピーカーが、カチュルが提案した「世界の英語たち」の思想です。

この主張を巡っては、これからはどのような英語でも堂々と使える（例えばジャパニーズ・イングリッシュを恥じることはない）と歓迎する向きもあれば、妙な英語がまかり通ることに対する反発もあります。同時に、カチュルの同心円図が、その中心に英語の母語話者を置いていることから、外側にいる英語ほど低い位置になり、新たな差別を生み出しているという批判もあります。

それでも「世界の英語たち」という考え方は、それまで母語話者の英語を模範あるいは規範として受け入れ、ネイティブ・スピーカーが話す英語をモデルとして真似することに努力を傾注してきた世界の英語教育界に大きな衝撃を与えました。むろん、慎重論も反対意見もあります。世界の人たちが勝手な英語を使い始めたら、英語がどんどん変容してしまい、共通語として機能しなくなってしまう。実際に使う時に自分の母語に引きずられるのは仕方ないとして、教える時から変な英語で構わないと言ったら学習者が混乱するから、何らかのモデルは必要だ、等々。

クリスタル（David Crystal）という英国の言語学者は、“English as a Global Language”（Crystal, 1997）、日本語訳では『地球語としての英語』（國弘正雄訳、みすず書房）という表現を用いました。そして将来、地球語としての英語が、さまざまな新種の英語（New Englishes）に分化してバラバラにならないためには、“World Standard Spoken English”（話し言葉の世界標準英語）というようなものが必要になるだろう、と述べました。日常的に使う方言とは別に公的な場で使う標準語があるのと同じように、普段はその国独自の「新種の英語」を使うとしても、国際コミュニケーションの場では相互理解を妨げないような「標準英語」が求められるという考えです。この「標準英語」案は、一見、もっともな提案のようですが、広まりませんでした。考えてみれば、誰がどのような英語を「標準」と定めるのか、という点が難しく、結局は、イギリス英語なりアメリカ英語のネイティブ規範を押しつけることになりかねません。しかも、英語を第二言語や外国語として学習した人たちが「お国訛りの英語」と「ちゃんとした英語」の二種類を使い分けるなど無理な話ですし、二種類の英語を非母語話者に強要することこそ、不公平です。ジャパニーズ・イングリッシュは〈新種の英語〉として認めてあげるけど、国際会議に出席したりインターネットで英語を使う時は、標準語のちゃんとした英語を使って下さいね、と言われても、困ります。正統派の英語を話したいのはやまやまだけど、それが出来ないからジャパニーズ・イングリッシュになっちゃうわけで、使い分けられるくらいなら誰も苦労しない、と言いたくなります。

そんな不合理な義務を強いるのではなく、十数億人もいる非母語話者（ネイティブ・スピーカーではない人々）が実際にどのような英語をコミュニケーションに使っているのかを調べ、そこから英語の共通項を見つけよう、という研究も出てきています。例えばウィーン大学は、国際コミュニケーションに使用されている英語を収集するコーパス（ＶＯＩＣＥ＝The Vienna-Oxford International Corpus of English）・プロジェクトを進めています。

英語教育界で賛否両論があり、未だに議論が続いているのは、第一章で紹介したジェンキンズの「共通語としての英語の核《コア》」という考えです。リンガ・フランカ（lingua franca＝共通語）として機能するためには、英語の「核（core）」を特定することが必要で、その「コア」を皆が守れば英語での国際コミュニケーションが可能になるという発想から、最低限、何を守れば「英語」となるのか、特に音声の面から「共通語としてのコア（Lingua Franca Core）」を探そう、という試みです。

ここで肝心なのは、前にも述べましたが共通語としてのコアを見出す基準は、母語話者が話す英語ではない、という点です。ネイティブ・スピーカーが基準となるのではなく、英語を母語としない者同士が英語で話し合った際に、お互いがお互いの英語を理解できるかどうかという「分かりやすさ（intelligibility）」が基準となります。そのために、各国の人たちに英語を話してもらい、その英語が理解できたかどうかを検証するなどの研究を続けることで、この音をきちんと発音しないと分かってもらえない、この文法規則は少しくらい間違えても相互理解が可能、などの分類ができれば、守るべき英語の「コア」が見つかったことになるわけで、「英語のコア探し」は今や、発音だけでなく文法や慣用句などにも及んでいます。ネイティブ・スピーカーがどういう英語を話すかではなく、「正しい英語」「正確な英語」を要求するのでもなく、「英語を使っている世界中の人たちが分かり合える英語」という新たな基準は、国際共通語としての役割がもたらしたパラダイムシフトと言って良いくらいです。

「世界の英語たち」にせよ、「共通語としてのコア」にせよ、これまでの英語とは全く異なる視点が生まれてきていることが分かります。そのような新たな流れを見ると、英語を学ぶことについて教えることについても、一種のパラダイムシフトが求められていると言わざるをえません。それを理解していただくために、マクロな視座から日本の言語政策全体を概観したいと思います。

言語政策

作家の水村美苗さんは、話題となった著書『日本語が亡びるとき』(2)で、英語の世紀を生き延びるための国策として、三つの可能性を挙げました。一つは、日本の国語を英語にしてしまうこと。次は、国民全員がバイリンガルになるのを目指すこと。そして最後は、国民の一部がバイリンガルになるのを目指すこと（二六七―二六八ページ）、という三つの選択肢です。

最初の選択肢は、「国語を英語にする」ですから、そんなことあり得ない、と思われるでしょう。確かに論外ですが、明治初期に森有礼《ありのり》はそのようなことを考えましたし、何年か前には「二一世紀の日本では英語を第二公用語にしよう」という提案が政府の審議会から出て物議をかもしたことがありました。ごく最近も、社内の公用語を英語にすると発表した企業が登場しています。

日本の言語を英語にする案は、まるきり荒唐無稽《こうとうむけい》の話ではない、というのは世界の状況を歴史的に見れば分かります。自国の言語が抑圧されたり危機にさらされたりという辛酸は多くの民族、国家が嘗《な》めていることです。日本だって「英語くらいは出来なくちゃ」という強迫観念から、幼児に英語を教え込む親が増えている最近の有様を見ていると、もしかすると、誰に言われるでもなく自ら進んで、「英語が国語？　賛成！　日本語なんて要らないもん」という人たちが出現するのだろうか、という漠たる不安があるくらいです。それでも現状を見る限り、英語など出来なくても日本で幸せに暮らしている人間は多いのだし、英語を学びたいと誰もが言いつつ、テレビも映画も字幕どころか吹き替えばかりで、生の英語などに興味はなさそうだから、英語を国語にするとか、一億の国民全員をバイリンガルにするなどは実際問題として非現実的でしょう。

水村さんのお勧めは第三の道です。つまり、国民の一部がバイリンガルになるのを目指すことです。この選択肢は、実は何年か前に文部科学省の審議会で議論されたことがあります。日本国民全員が英語を使えるようになるなど無理だし、そもそも必要ない、という見地から、最低限の英語を中学で教えた後は、一部に高度な英語教育を実施するという案が話題提供されたのです。しかし、この案は、近年の日本の平等主義と相いれないだけでなく、いつ、どの時点で、どのようにして、英語バイリンガル組と、日本語オンリー組とを選別するのかという点で、少なくとも教育的観点からは実現困難な策です。ある生徒が将来、英語を駆使する職業に就く可能性があるのかないのかは、中学はおろか高校であっても分からないので、選別すること自体が不可能なわけです。ということは、文科省の英語教育政策では、義務教育を通しての「一億総バイリンガル化」を公的には目指さざるをえないでしょう。

もっとも、国家の言語政策は、単に英語のことだけを考えれば良いわけではありません。英語から話がそれますが、母語教育としての「国語」のあり方は、もっと真剣に考えられるべきです（例えば二〇〇八年に日本学術会議言語文学委員会が出した「日本語の将来に向けて」と題する報告は、英語の問題をふまえて総合的な問題提起を行っています）。

さらに最近では、年間七〇〇万人以上の人たちが海外から日本に入国しています。日本の地域社会で生活する外国人登録者数も二〇〇九年現在、二一八万人を超えるほどに急増し、日本の総人口一億二七五一万人の一・七一パーセントを占めるに至っているという調査があります(3)。この状況が意味するのは、国際英語などとは無縁の層がどんどん海外から入国していて、都市だけでなく地方でも、医療、教育、警察、法廷などの分野で、各言語の通訳者（コミュニティ通訳と総称される）が大幅に不足しているという実情です。私たちの身近なところで、日本語は無論のこと英語も話さない人々が日常的な場面で苦労している状況をどうするのか。これは多言語社会に進みつつある日本にとって喫緊《きっきん》の課題です。

ＥＵの多言語政策は、理想に過ぎないとされることもありますが、少なくともＥＵは、「多様性の中の統一（Unity in Diversity）」として掲げた「多言語主義（multilingualism）」の理念を実現するための具体的方策を試行錯誤しています。通訳・翻訳は、その中で重要な役割を担うものとして重視されています。言語教育面では、欧州評議会によって母語以外に複数の言語を学ぶ「複言語主義（plurilingualism）」が打ち出され、具体的な目安として教材やカリキュラム作成に資するために、各言語共通の尺度を開発しました。この「欧州言語共通参照枠（ＣＥＦＲ＝Common European Framework of Reference for Languages）」については前章で詳しく紹介しました。

日本の言語政策についても、「韓国では小学校から英語をやっている」という次元の話ではなく、巨視的に世界の言語状況を参考にしつつ、日本人の言語についての理念を構築した上で、長期的かつ総合的な政策を提示していかねばならないと思います。

第四章では、すべての出発点ともいえる学校英語教育について考えてみたいと思います。

(1) Torikai, K. 2009. *Voices of the invisible presence.* Amsterdam/Philadelphia: John Benjamins.
(2) 水村美苗（2008年）『日本語が亡びるとき――英語の世紀の中で』筑摩書房
(3) 法務省ホームページ http://www.moj.go.jp/ 二〇一一年三月二〇日検索。
二〇〇九年、海外からの入国者数七五八万一三三〇人。外国人登録者は二〇〇九年、二一八万六一二一人。これは二〇〇九年度の日本の総人口一億二七五一万人の一・七一パーセントを占める。

第四章　国際共通語としての英語と学校教育

英語は大事だ、と誰もが言いますが、実のところ、国民全員がバイリンガルになると本気で考えている日本人は多くはないように思います。でも、親の本音は、国民全員はともかく、我が子だけは「国民の一部であるバイリンガル」になって欲しい。なぜなら、英語は他教科とは別格の存在だからです。なにしろグローバル化した世界（globalized world）で闘う武器なのですから。そして、英語が話せずに情けない思いをした我が身を思うと悔しくて、せめて子供には、あの苦労をさせたくない、と願うわけです。

「学校で何年も体育を習ったけど、上手《うま》くならなかったぞ、どうしてくれる」と怒る人はいませんが、英語については「学校で何年も英語を習ったけど、上手くならなかったぞ、どうしてくれる」と憤慨している人が日本には多数います。この二〇年来、英語教育が改革を続け、コミュニケーションに使える英語を重点化し、とうとう小学校から英語を始めることになったのも、学校で習った英語じゃ使い物にならない、という英語教育への怒りと恨みが世論を形成したからです。

学校英語教育へのそういう怨念は、今や、自分はもはや間に合わないので仕方ないが、自分の子供には英語が喋れるように教えろ、という強い要求となっています。全国の親たちからの要望と期待を一身に担っている学校は、どうしたら良いのか。

結局、将来のあらゆる可能性を考えれば、どの生徒にもある程度の基本を中学・高校で教えておくしかないように思うのです。週四時間に増えたとはいっても限られた時間数で、能力も個性も進路も多様な生徒を相手に教えるとしたら、それしかないでしょう。その際に肝心なのは、「何のために」「どのような」英語を教えるのか、という根本についての合意形成です。つまり、英語教育の目的が明確でないと、教えるべき英語は何なのかが見えず、結果として英語教育の具体的内容が曖昧なものになってしまいます。

「何のために」「どのような」英語を目指すのか？

「実用の英語」か「教養の英語」か、という一九七〇年代の平泉渉参議院議員（当時）と渡部昇一上智大学教授（当時）による英語教育大論争[1]は、英語教育の目的を考える上で意義のある歴史的な論争でした。学校英語教育は実用に徹して抜本的な改革をするべきだという平泉試案に対し、教養のための英語教育で何が悪い、目先の成果だけを追求するのは教育ではない、と真っ向から反論した渡部氏は一歩も譲らず、当時はどちらとも結論が出ないままでした。しかし日本社会は、暗黙のうちに「実用のための英語」を選んだといえます。

「英語は実用のため」という選択は、世論や経済界の要求という形で政府レベルでのさまざまな審議や決定に反映され、「英語教育の目的は、コミュニケーションです」と決着がついたことは、一九八九年告示の学習指導要領で初めて「コミュニケーション」というカタカナ語が使われたことで分かります。

ところが不思議なことに、改訂された学習指導要領で、日本の英語教育が「コミュニケーション」を目的に大きく転換したことは、一般社会ではあまり知られないまま、「学校英語は読み書きしか教えないからダメだ。もっと会話を教えるべきだ」という声は強くなる一方でした。文部科学省は、世論に応えるべく、二〇〇二年「『英語が使える日本人』の育成のための戦略構想」、二〇〇三年「『英語が使える日本人』の育成のための行動計画」という、およそ英語教育に関わる事項はすべて網羅した総合的な英語教育政策を策定し実施したのです。しかしこれについても一般の認知度は極めて低く、政策の一部である「小学校での英語」だけが脚光を浴びた印象です。

この包括的な英語政策の目的は、はっきりしています。日本の国民全員が「英語が使える日本人」になることです。そのために、数値目標まで定めました。具体的には、中学卒業段階では、「挨拶や応対、身近な暮らしに関わる話題などについて平易なコミュニケーションができる」（英検三級程度）、高校卒業段階では「日常的な話題について通常のコミュニケーションができる」（英検準二級〜二級程度）が目標で、大学については、数値目標こそないものの、「仕事で英語が使える人材を育成」することが目標だと定められました。

ただ、それでは、どのような英語を教えるか、という内容については抽象的な説明だけです。中学では「平易なコミュニケーション」、高校では「通常のコミュニケーション」と記載されていますが、その違いは明らかではありません。そもそも、何度となく登場する「コミュニケーション」という言葉が何を指すのか、定義は示されません。学校英語教育の目的がコミュニケーションであることを打ち出した一九八九年学習指導要領の改訂に関わった、当時の文部省教科調査官であった和田稔氏（明海大学名誉教授）は、四技能をバランス良く取り入れたつもりだったが、結果的には選択科目である「オーラルコミュニケーション」ばかりに関心が集まってしまった、と述懐しています。

英語教育で避けて通れないのは、「何のために」英語を教えるのかという「理念と目的」を明確にすること、そして、その上で、「どのような」英語を教えるのかという具体的な内容を検討することだと思います。そのために、以下では、現行の英語教育では何が目的となっているかを検証し、キーワードとなっている「コミュニケーション」について改めて考えようと思います。

新学習指導要領にみる「英語教育の目標」

文部科学省は「英語が使える日本人」を目指して、二〇〇九年には学習指導要領を改訂し、二〇一一年度から施行されます。

まず、必修となった小学校での「外国語活動」の目標は何でしょうか。「外国語」とはいっても、五年生・六年生を対象にした「英語」活動が内容ですが、小学校学習指導要領では、「外国語を通じて、言語や文化について体験的に理解を深め、積極的にコミュニケーションを図ろうとする態度の育成を図り、外国語の音声や基本的な表現に慣れ親しませながら、コミュニケーション能力の素地を養う」とあります。

中学校での「外国語活動」の目標は、「外国語を通じて、言語や文化に対する理解を深め、積極的にコミュニケーションを図ろうとする態度の育成を図り、聞くこと、話すこと、読むこと、書くことなどのコミュニケーション能力の基礎を養う」です。

高校での目標は「外国語を通じて、言語や文化に対する理解を深め、積極的にコミュニケーションを図ろうとする態度の育成を図り、情報や考えなどを的確に理解したり適切に伝えたりするコミュニケーション能力を養う」です。

ひとつの文章の中に「図る」が二度も出てくる日本語の文章としての未完成度には目をつぶるとして、小学校も中学も高校も、ほぼ同じ文章で、「積極的にコミュニケーションを図ろうとする態度の育成を図り」が、小中高すべての段階に登場します。違いは、文章の後半で、小学校の場合は「外国語の音声や基本的な表現に慣れ親しませながら、コミュニケーション能力の素地を養う」、中学は「聞くこと、話すこと、読むこと、書くことなどのコミュニケーション能力の基礎を養う」であり、高校は「情報や考えなどを的確に理解したり適切に伝えたりするコミュニケーション能力を養う」となっています。

面白いのは、小中高とも「英語」とは言わず、「外国語」と言っていることです。実際には「英語」を指していることは全体を読むと明らかなので、日本人が積極的にコミュニケーションを図ろうとする態度に欠けていることが、英語力が向上しない原因だと考え、学校教育で何とかしようという強い意志があると推察します。

では、学習指導要領では、「コミュニケーション」「コミュニケーション能力」について、具体的にどう説明しているのでしょうか。

小学校の「外国語活動」の内容は、次のように説明されています。

一．外国語を用いて積極的にコミュニケーションを図ることができるよう、次の事項について指導する。

(1) 外国語を用いてコミュニケーションを図る楽しさを体験すること。

(2) 積極的に外国語を聞いたり、話したりすること。

(3) 言語を用いてコミュニケーションを図ることの大切さを知ること。

二．日本と外国の言語や文化について、体験的に理解を深めることができるよう、次の事項について指導する。

(1) 外国語の音声やリズムなどに慣れ親しむとともに、日本語との違いを知り、言葉の面白さや豊かさに気付くこと。

(2) 日本と外国との生活、習慣、行事などの違いを知り、多様なものの見方や考え方があることに気付くこと。
(3)　異なる文化をもつ人々との交流等を体験し、文化等に対する理解を深めること。

中学校指導要領では、目標として具体的に以下のとおり説明されています。

(1)　初歩的な英語を聞いて話し手の意向などを理解できるようにする。
(2)　初歩的な英語を用いて自分の考えなどを話すことができるようにする。
(3)　英語を読むことに慣れ親しみ、初歩的な英語を読んで書き手の意向などを理解できるようにする。
(4)　英語で書くことに慣れ親しみ、初歩的な英語を用いて自分の考えなどを書くことができるようにする。

「目標」の後の詳しい内容説明を読むと、「英語を聞いて話し手の意向などを理解できる」「英語を用いて自分の考えなどを話すことができる」「英語を読んで書き手の意向などを理解できる」「英語を用いて自分の考えなどを書くことができる」とあります。

読んでいるうちに、何だか不思議な気持ちになってくるのを否めません。英語で「話し手や書き手の意向を理解」できて「自分の考えを話したり書いたり」できるというのは、相当な英語力です。いくら「初歩的な英語」だとしても、決して易しいことではありません。中学を卒業する段階で目指すべき数値目標は、先に紹介した「行動計画」では「英検三級程度」となっています。「英検三級」くらいなら既に持っている中学生はいますが、いくら英語が得意な中学生でも、中学三年生程度で、「英語で話し手や書き手の意向を理解し、自分の考えを話したり書いたり」できるようになるのだろうか、と疑問が湧きます。話し手の意図を理解することがどれほど困難かということは、言語についての研究を少しするだけで思い知らされますし、通訳者や翻訳者はまさしくその点で格闘するのです。だいたい、日本語で話していても、「そんなつもりで言ったんじゃありません」などと説明するはめになるのは日常茶飯事で、母語であっても話し手の真意を摑むことはコミュニケーションの大問題なのです。

小学校での英語活動にしても、週一回、学級担任と（多くは業者委託の）ＡＬＴと活動をするだけで、「積極的に英語を聞いたり話したり」「日本語との違いを知り、言葉の面白さや豊かさに気付く」だけでなく、「日本と外国との生活、習慣、行事などの違いを知り、多様なものの見方や考え方があることに気付く」というのは、極めて野心的な目標だと言わざるをえません。特に「コミュニケーションを図る楽しさを体験」した上で「コミュニケーションを図ることの大切さを知る」というのは、立派すぎて反論しにくいわけですが、ここでの「コミュニケーション」とは、いったい何を指しているのだろう、と考え込んでしまいます。小学校の英語活動の定番とされるゲームと歌と踊り、そしてちょっとした英会話ごっこは、「楽しさを体験する」ことにはなるかもしれませんが、「コミュニケーションを図ることの大切さを知る」までは難しいのではないでしょうか。

「コミュニケーションを図ることの大切さを知る」ことは、大事です。最近の新人社員は「コミュニケーションを図ることの大切さ」を知らない、と企業は大いに困っているようです。でも、それは英語を通して学ぶことではなく、まずは母語でのコミュニケーションでしょう。小学校段階では、学校生活の場で友達との関係作りを通して、言葉は使い方によっては相手を傷つけ互いの関係を壊すことにもなるという体験から学び、「コミュニケーションを図ることの大切さを知る」ことが可能になるはずです。最近の学校現場では、言葉を使って友人との関係が作れないのでイジメが起きる、感情がコントロールできずコミュニケーションがとれないので暴力に訴える子供や生徒が増えている、と言われます。

このような状況は、英語などよりずっと深刻な問題です。

暴力やイジメの問題について語られる際にも「コミュニケーションの大切さ」が登場することを考えると、時代のキーワードであるこの言葉には、学習指導要領で使われている「コミュニケーション」より、広い意味がありそうです。ここで少し立ち止まり、「コミュニケーション」「コミュニケーション能力」が本来、何を意味するのか確認しておきたいと思います。

「コミュニケーション」の意味

コミュニケーションが何を意味するかなど説明するまでもないと考える方も多いでしょうが、実は「コミュニケーション」の内実については多様な見解が存在します。

まず、言語運用能力がコミュニケーションを目的とするものであるならば、それは、いわゆる「会話スキル」を超えた広義のものとして考えられるべきです。

えっ、コミュニケーションて、英会話のことじゃないの？　ＮＯＶＡ（倒産しちゃいましたが）の宇宙人が、「異文化コミュニケーション」とか、テレビＣＭで言ってなかった？　という声が聞こえてきそうです。いえいえ、とんでもない。コミュニケーションとは、「ハーイ、元気ですか？」だの「渋谷駅はどこですか？」程度の日常英会話と称するものだけではないのです。Ａさんが話したメッセージが聞き手のＢさんに伝わるだけの単純な情報伝達ではなく、もっと広く、もっとダイナミックなものなのです。さらに言えば、コミュニケーションは口頭での会話だけを指すのではなく、読み書きだってコミュニケーションですし、黙っていることだってコミュニケーションなのです。言葉と文化が密接に絡み合って生み出されるのが「コミュニケーション」です。

異文化コミュニケーション研究のパイオニアともいえるホール（Edward T. Hall）は、「コミュニケーションは文化である」と考え、非言語コミュニケーション（non-verbal communication）の重要性を「沈黙のことば（the silent language）」として紹介しました（Hall, 1959）。「沈黙のことば」には、身振りや表情、姿勢などはもちろんのこと、「時間」や「空間」という概念も含まれます。例えば、遅刻に対する寛容度が文化によって異なるのは、「時間」の観念が文化を映すコミュニケーションのひとつの様態だからです。何を優先するかという文化的価値観が「時間」についての態度に反映されるわけですし、誰かを待たせるという行動は、それなりのメッセージを相手に伝えるコミュニケーションと考えられます。

「空間」も、文化とコミュニケーションの問題です。地位の高い人がどこに座るか、というのは文化によって異なり、誰がどこに座るか、というのは、ある種のメッセージを伝えるコミュニケーションとなります。米国の家庭では、部屋のドアを開けておくのが普通の状態で、ドアが閉まっている時は「私の部屋に入って来ないで」という意思表示になります。ところが日本にそういう習慣はありませんから、日本人留学生は無意識にいつもドアを閉めてしまいます。するとホスト家庭は拒絶された印象を受け、「何か気に入らないのだろうか?」と気を揉むことになる。これは、「居室のドアの開閉」という空間に関わる習慣が、文化によって違うメッセージを表すことが引き起こす誤解で、コミュニケーションとは、まさしく文化だ、ということが納得できます。

社会学の立場からゴフマン(Erving Goffman)は、コミュニケーションを「自己と他者との相互行為(interaction)」として捉えます。バフチン(Mikhail Bakhtin)というロシアの思想家は、言語の本質は「聞き手の存在を前提においた対話的な相互作用」だと考えましたが、聞き手は必ずしも目の前にいる相手だけとは限らず語り手の内なる声も含まれる、としています(3)。他にもさまざまな人たちが、それぞれの立場から「コミュニケーション」について語っています。

それらを踏まえれば、「コミュニケーション」とは「相互行為」であり「関係性」である、と言えるでしょう。コミュニケーションが二者の関係を構築する相互行為だとするならば、コミュニケーションは、当事者が誰かということと、それを取り巻くコンテクストを無視しては考えられません。

それなのに、「コミュニケーションは単なるスキル」だと軽く考えているから、うまく行かないのではないでしょうか。「コミュニケーション」についての合意を形成しないまま英語教育改革が進んだことで、「コミュニケーション」という言葉があたかも英会話を意味するかのように独り歩きし、だから現場では混乱が続いているとも考えられます。もしかすると、それに気がついて、二〇〇九年度改訂の新学習指導要領では、「言語力」を教科横断的に育成することの必要性を指摘しているのかもしれません。しかし、「言語力」と「コミュニケーション能力」の違いや関連は不明です。

コミュニケーション能力

「コミュニケーション能力（communicative competence）」とは、言語人類学・社会言語学のハイムズ（Dell Hymes）が主張した概念です。チョムスキー（Noam Chomsky）が提唱した「言語能力（linguistic competence）」だけではコミュニケーションが成立しないことを指摘し、話し方の社会的規則（social rules of speaking）に従い適切に言語を使用することを可能にする「コミュニケーション能力」の必要性を強調したのです。

その考えは、言語教育に多大な影響を与え、「コミュニカティブ・アプローチ（communicative approach/communicative language teaching）」が生まれるに至りました。コミュニケーション能力伸張をめざす「コミュニカティブ・アプローチ」は、実際のコミュニケーションに使用しながら学習者が主体的に外国語を学ぶ、というのが主眼であったものの、具体的な指導方法になると、とらえどころのないきらいがありました。だからメソッドというよりはアプローチであり、「コミュニケーション能力」の構成要素が何であるかは議論の的でした。

その中で、「コミュニケーション能力」の中身を鮮やかに分類してみせたのは、カネールとスウェインです。この二人の研究者は、「コミュニケーション能力」を（1）文法的能力、（2）社会言語学的能力、（3）方略的能力の三要素（Canale and Swain, 1980）に分類し、後からカネールが、四つ目の構成要素として「談話能力」を加え（Canale, 1983）、「コミュニケーション能力の四要素」は広範に知られるようになりました。

もっとも、広範とはいえ、外国語教育専門の研究者間で知られているだけで、一般的には、特に日本では、「コミュニケーション能力」に文法的能力（文法だけではなく、構文、語彙、音声などを含めた言語知識全般を指す）が入っているなど夢にも思っていないようです。「コミュニケーション能力の四要素」をちょっとかじった程度だと、「談話能力」は会話をする能力だと早とちりをする人さえいます。ここでの「談話」とは「ディスコース（discourse）」のことで、センテンス・レベル以上のまとまった単位で、結束性と一貫性を持って話したり書いたりできるかどうか、という能力を指します。

この四要素は簡潔明瞭で非常に分かりやすい定義だと思いますが、専門家でない人々に理解してもらうには、もう少し嚙み砕いて説明した方が効果的かもしれません。例えば〈文法的能力〉は「（語彙や発音も含んだ）言語全体に関する知識」、〈社会言語学的能力〉は「（誤解を受けないように）社会で適切に言葉を使える能力」、〈方略的能力〉は「コミュニケーションがうまく行かない時に（聞き返したりするなど）対応できる能力」、そして〈談話能力〉とは「（相手が分かるように）まとまりをもって書いたり話したりできる能力」とでも説明すると分かりやすいのではないでしょうか。

国際共通語か英米文化理解か

コミュニケーションという言葉が内包する意味の深さと広がりを理解したとして、英語教育の目的論には、さらなる問題があります。

学習指導要領からは、日本の英語教育の目的が「コミュニケーション」だということは読み取れるのですが、どういう相手と、いかなるコンテクストにおいて、どのような関係性を持って相互作用するのか、ということには触れていません。英語教育なのですから、英語で話す相手であることは当然として、「はじめに」や第一章で説明したように、グローバル時代の英語は、もはやネイティブ・スピーカーのものではなく、世界中にいる十数億人の非母語話者が自由に駆使するものです。日本の英語教育が目指すコミュニケーションというのは、いったい誰を対象にしているのでしょうか？

学習指導要領を再度、読み直してみると、小学校では「外国語を通じて、言語や文化について体験的に理解を深め」と言っており、中学校での「外国語」の目標は、「外国語を通じて、言語や文化に対する理解を深め」、高校での目標は「外国語を通じて、言語や文化に対する理解を深め」ですので、小中高と一貫して「言語」のみならず、「文化に対する理解」が英語教育の目標だということになります。もちろん新学習指導要領の「目玉」である小学校での「外国語（英語）活動」でも、「英米文化」とは言ってないものの、「日本と外国との生活、習慣、行事などの違いを知り、多様なものの見方や考え方があることに気付くこと」「異なる文化をもつ人々との交流等を体験し、文化等に対する理解を深めること」となっています。つまり、日本の学校英語教育の目標は「国際共通語としての英語」という志向性よりは、これまでの「国際理解」「異文化理解」を踏襲しており、具体的には「英米の文化を理解するための英語」という従来の枠にとどまっていると解釈できます。

英語を教えるのは国際コミュニケーションのためなのか、異文化理解のためなのか、スキル習得のためなのか、というのは肝心な点です。この点は、どうとでも解釈できるようにしておくのではなく、どれを優先させるのか大いに議論するべき時期に来ていると思います。

「異文化理解」という曖昧なものではなく、逆に単なる「スキル」に特化するのでもなく、「国際コミュニケーション」を可能にするための英語教育、すなわち「国際共通語としての英語」を教える教育、として位置づけることが今後は必要になると私は考えていますが、「国際共通語としての英語」を目指した教育に切り替えるのは現実には、容易ではありません（この悩みについては第五章で詳述します）。ですから、議論が煮詰まらなかったのかもしれませんし、そこまで踏み切らず曖昧にしておきたい気持ちは分からないではないのですが、いずれはきちんと立ち位置を決めないと、英語教育の実効はあがらないでしょう。

英語教育の特殊性

「英語教育」の目的に関して、政府に先んじて方向転換を提案したのは、日本学術会議です。

日本学術会議は、内閣府に所属する国家機関で、科学者コミュニティを代表して政府や行政に対し、国の政策に関し意見を具申する機能を持ちます。あらゆる分野について必要に応じ政府に対し提案をしていますが、「日本の展望——学術からの提言２０１０」（二〇一〇年四月）の中では、「21世紀の教養と教養教育」と題し、大学における教養教育の一環として日本語教育・外国語教育の充実を図ることが重要である、としておおよそ次のように述べました。

①あらゆる領域のリテラシー（科学的リテラシー／社会科学的リテラシー／人文学的リテラシー／メディア・リテラシー等々）の基礎となる言語の公共的使用能力（日本語リテラシー）の向上を図ることが重要である。この能力は、さまざまな分野での専門的な活動（職業、研究）を市民と公共社会に開くと同時に、市民と社会の側から専門にアクセスするための鍵でもある。

②国際共通語として広く使われている英語の教育は、従来の外国語教育とは別のカテゴ

リーに属するものとして、言語と文化を異にする他者との交流・協働を促進し豊かにするために、口頭によるコミュニケーション能力だけでなく、むしろアカデミック・リーディング、アカデミック・ライティングおよびプレゼンテーションを核とするリテラシー教育として充実を図ることが重要である。

③国際化が進展する現代社会では、英語以外の外国語の教育も重要である。それは、世界の多様性の認識と異文化理解を促進するためにも、また、自国の言語文化を反省し、その特質を自覚し、それをより豊かなものにしていくうえでも重要である。

日本学術会議や中央教育審議会では「大学の質保証」の問題が検討されており、それは教養教育に関係することから、外国語教育、とりわけ英語教育についても議論がなされました。右に紹介した提言は、大学における教養教育という枠内での言語教育のあり方について提案したものです。

英語教育にとって重要なのは、二番目の項目です。いささか乱暴にまとめてしまうと、同じ外国語でも英語は別に考える方が良い、他の外国語は異文化理解への窓とするが、英語は国際共通語として用いると割り切ったらどうか、ということになります。
この提言に至るまでの議論では、概略、以下のような提案が出ました。

これからの日本で教育・学習の対象になるのは、英米の言語としての英語ではなく、媒介言語としての英語である。教育・学習のあり方についても、この目標に即して、次のような原則に基づいた指針を策定する必要がある。

①言語に結びついている文化的負荷――この場合、アメリカやイギリスの文化――をなるべく軽くすること。

②国際共通語としての英語は母語の習得過程を学習のモデルとして強調しないこと。とくに、いわゆるネイティブ・スピーカーを万能視しないこと。

③研究成果の公表はもとより、取引や交渉においては、情報通信技術の発展もあいまって、書き言葉が話し言葉と並んで、あるいはそれ以上に重要な役割を果たしている。それゆえ、音声言語と並んで書記言語（読み書き）の学習を重視すること。

④グローバルな局面で、文化と言語を異にする他者と協働し交流する能力を育成するために、アカデミック・リーディング、アカデミック・ライティング、プレゼンテーシ

ョンを核とする「英語によるリテラシー教育」を構想する必要がある。

このうち特に一番目の、「言語に結びついている文化的負荷をなるべく軽くする」という部分は、これからの英語教育は国際共通語としての位置づけを明確にするしかないという発想から生まれた、英語教育のコペルニクス的転回とでも呼ぶべき提案です。

「文化的負荷をなるべく軽くする」という提案については、文化を扱う第五章で改めて論じるつもりですが、これは大学の「教養教育」としての英語についての提案です。つまり、どの学部に入り何を専門にしようと、「一般教養」として英語を学ぶ際の指針です。英米文化を学ぶのなら英米学科などで専門的に学べば良い。文系も理系も、専門を問わず、大学で一般教養として学ぶ英語は、「国際共通語としての英語」として割り切ってしまったらどうですか？　という問題提起です。「国際共通語としての英語」と位置づければ、英語教育の目的と内容は自《おのず》から輪郭が定まるということになります。そして、それは、日本の英語教育が目指すべきは英米文化の理解ではない、ということになります。

この提案を小学校、中学校、高等学校という段階で実現するとどうなるでしょうか。

先に述べたように学習指導要領では、英語教育の目的は従来型の「異文化理解」にとどまっています。検定教科書では「異文化理解」として英語圏、とりわけアメリカの生活習慣やアメリカ的な表現が紹介されています。

しかし事実上、「世界の共通語」となった英語は、世界中の人々が活用するものであり、英語を学習した日本人が、その英語を使って意思疎通をはかる相手は、英米人とは限らず、英語を第二言語もしくは外国語として使用する非母語話者である確率の方が高い。そうなると、「外国の文化」としてアメリカ文化を教えることは果たして妥当なのかということになります。かといって、世界中の文化を取り上げて理解することなど不可能ですから、個別の文化を対象にするのではなく、異質な文化に邂逅《かいこう》した時にどのように対応するか、という本来的な意味での「異文化コミュニケーション」、あるいは欧州評議会が打ち出している「異文化能力」を教育に取り込むことになります。

発音やイントネーションだって、英米人の真似をする必要はないわけで、「きれいな英語」よりも「分かりやすい英語」が大切になります。これを守らないと英語には聞こえない、という音を精選して教えれば良い。

非母語話者同士が英語でコミュニケーションをすることを念頭に置いた、ジェンキンズの「共通語としてのコア」が俄然、現実味を帯びることになります。

英語教育のパラダイムシフト

根源的なパラダイムシフトとして考えねばならないのは、従来の英語教育が自明としてきた「英語を通して英米の文化を学ぶ」あるいは「英米文化を理解するために英語を学習する」という目的そのものです。英語教育から異文化理解（すなわち英米文化理解）という要素を削除したとして（そのようなことが可能だとして）、後に残るのは、どのようなものなのか。そうなった時に、現実の指導法や学習法も変更を迫られるはずですが、一体、どのように変革するのか。

「グローバル時代の国際共通語は英語である」、だからこれからの日本人は「地球語としての英語を身につける」と大きな目的が決まれば、その目的に沿った英語教育を考えていかねばなりません。

具体的に考えてみましょう。

例えば、ジェスチャー。英語スピーチコンテストでよく見られるアメリカ風の大袈裟な身振りなどは、もはや無用だから、教えません。日本人として英語を話せば良いのですから。むしろ妙に真似をしたら滑稽なだけです。

例えば、発音。これも、ネイティブ・スピーカーのような発音を真似る必要はなくなります。もちろん、最初から何も教えないということではなく、英語として基本の音や強勢《ストレス》、リズムなどを厳選して教えることになります。実際に話す時には共通語として機能すれば良いのですから、日本人的なアクセントが残ったとしても、問題ではありません。相手だって、母語の影響を受けた訛りのある英語を使うでしょう。ネイティブ・スピーカーのように話すことを目指して時間とエネルギーを費やす必要はありません。大切なのは、「分かってもらえること」なのですから、きれいな発音にこだわることはなく、自信を持って話せば良いわけです。

例えば、文法。話すにしても書くにしても、文を組み立てるために最低限の文法は必要ですが、それは相手に通じない英語ではコミュニケーションが成立しないからで、意味を理解してもらえるなら、少々の誤りがあっても、それは問題ではありません。発音と同じく、何も教えないということではなく、英語という言葉を使うための規則《ルール》や決まりを教えることは当然です。サッカーでも野球でもルールを知らなければプレーは出来ません。しかしスポーツと異なり言語の場合は、規則がやたら複雑多岐ですし、特に英語の場合は例外だらけですから、すべてをマスターするのを待っていたら、いつまで経っても試合に出られません。第一、ネイティブ・スピーカーだって文法を間違えて英語を書いたり話したりしている人はいくらでもいます。だから完璧を目指す必要はないのです。最低限のルールを選んで教え、あとは思い切って間違いを気にせず使ってみる、ということしかありません。ここでも、キーワードは「分かってもらえること」です。

例えば慣用句。英語で対話する相手は、米語のスラングやイディオムなどを知らない可能性が高いのですから、洒落た表現などは教わっても、実際に使うことは稀になります。もともとスラングやイディオムなどを、コミュニケーションの視点からみれば「同じ文化コミュニティの仲間」であることを示すために使われるので、間違った使い方をすると逆効果になることもあり、安易な使用は避けた方が無難です。国際共通語の場合は、同じ文化コミュニティの仲間であることを示す必要はないので、教える項目から外すことになります。

例えば、言語習慣。「アメリカ人は、ファーストネームで呼び合うのが普通です」などと英米の習慣を教えたり練習させたりすることは、無意味になります。ファーストネームで呼び合うのが普通ではない国の人たちと英語で話す機会の方が多いはずなのですから。そもそも、たとえ相手が英米人であったとしても、いつ、誰を「ファーストネーム」で呼ぶか、というのは相手との関係で決まることで、なかなか微妙なのです。アメリカ人はいつでもどこでもファーストネームだと思い込んでいると、思わぬ火傷《やけど》をすることもありえます。これが、言語に内包された文化の重みです。

ということは、厳密にいうと、英語という言語自体に、英語が本来的に持っている歴史や文化が刻み込まれているので、「文化」を教えない、という表現は正確ではないかもしれません。言語から文化を捨象することなどできないのです。せいぜいが「文化的負荷」をなるべく軽くするくらいでしょう。それでも、「共通語」と割り切って教えることで、英語教育の中身は相当に整理されます。

英語学習のどの部分も大事ではあるのですが、授業ですべてを教えられるわけではないのですから、学校という限られた場と時間で英語を教えることを考え、学習内容の見直しが必要になります。言ってみれば、仕分けです。

不要不急のものを仕分けするのと同時に、何を重点的に教えるか、という優先順位を設定することが大切になります。中学・高校・大学というそれぞれの段階で何を重視するか、一貫性という視点からの整理も必須だし、グローバル時代ではどのような英語が求められるのか、というニーズを見極めることは欠かせません。

結論から先に言ってしまえば、グローバル化した世界で必要なのは、話すこともさることながら、読むこと、書くことです。先に拙著の出版をめぐっての体験を書きましたが、ほぼ一年間にわたる海外の出版社（編集長、編集者、校閲者等々）とのコミュニケーションは、すべてEメールであり、実際に会っての会話や電話でのやりとりは皆無でした。

NHK「クローズアップ現代」の英語特集に出演した際、インド人と日本人からなる数名の社員が英語でテレビ会議をしている模様がビデオで紹介されたのですが、その会議の最後は、「じゃ、詳しいことはメールします」でした。

膨大な量の情報を英語で斜め読みして（これをskimmingと呼びます）、取捨選択して必要な情報だけを拾い出し（scanningと呼びます）、それから細部まで読んで十分に理解する（いわゆる精読intensive reading）、という読解力は欠かせません。読む力がなければ書くことも出来ず、聞いて理解することも出来ないし、まともな内容のある話だって出来ません。「生の英会話」志向が大学にまで押し寄せている日本の現状を考えると、「読む力」の重要性はいくら強調しても、し足りないくらいです。

一昔前までの英語教育を受けた世代には、「読む」重要性を指摘することがパラダイムシフトになるなど理解しがたいかもしれません。しかし本章の冒頭で述べた通り、日本の公教育における英語がコミュニケーション志向にシフトしてから、早や二〇年経つのです。ところが、日本人の英語力は向上するどころか、相変わらず「コミュニケーションに使える英語」の必要性が言われ続けており、とうとう小学生から教えれば何とかなるだろうと「外国語（英語）活動」の必修化にまで行き着きました。これで効果が出なかったら後はどうするのだろうと心配になりますが、最近はそれどころか、英語の基礎力低下が指摘されています。大学生の基礎学力低下が社会問題になっていますが、英語力も落ちているのです。

コミュニケーションへのシフトが成果を挙げていないのなら、結果を検証して原因を究明するべきですが、それがなされないでいるうちに、国際共通語としての英語の地位が確たる時代に入った、というのが現状です。ならば、ここで再度の進路変更を考えるのは時《じ》宜《ぎ》を得ているのではないでしょうか。

私が考える英語教育の新たな指針とは、以下の点に集約されます。

1　英語教育（学習）の目的
英米文化理解から、国際共通語である英語を使っての発信へ

2　新たな目的から生まれる新たな課題
（1）脱ネイティブ・スピーカー信仰
（2）学習事項の仕分け
（3）読み書きの重点化
（4）自律した学習者育成

ついでに言えば、多言語・多文化世界での異文化コミュニケーションを可能にするには、〈異質な他者へ開かれた心〉と〈言葉への感性〉を培うことが求められると考えていますが、それは英語教育だけの問題ではないので、学校教育全体を通しての将来の課題としておきます。

次章では、国際共通語としての英語という視座から、今後の英語教育の新たな課題につ

いて、取り上げます。

---

(1) 平泉渉と渡部昇一との間で一九七四年から七五年にかけて、英語教育の目的について交わされた。『英語教育大論争』(文春文庫)としてまとめられている。

(2) 鳥飼玖美子(二〇一一)NHK教育テレビ『歴史は眠らない』二月号「英語・愛憎の二百年」NHK出版(九七ページ)

(3) ミハイル・バフチン(二〇〇二)『バフチン言語論入門』桑野隆・小林潔編訳、せりか書房

第五章　英語教育で文化をどう扱うか

これまでの章で、従来型の〈英米文化を理解するための英語学習〉から脱し、今後は〈国際共通語としての英語習得〉を目指す教育へと抜本的に方向転換を考えるべきだと提案してきました。同時に、国際共通語としての英語といえども、英語という言語から英語の文化を切り離すことは難しい点も指摘しました。

国際共通語としての英語を学ぶことと異文化理解の関係は、どう整理したら良いのでしょうか。そもそも言語から文化を捨象することは可能なのか、と問われたら、答えは否です。第二章で問題提起したように、どのように文章を組み立てるかという論理構成そのもの、コミュニケーション・スタイル自体が文化を表象しているのですから、言語は文化そのものと言って過言ではありません。エドワード・ホールが「コミュニケーションは文化だ」と言ったのは、まさにそういうことなのです。

スペイン語で、Tantas lenguas, tantos mundos（So many languages, so many worlds）．という格言を聞いたことがあります。言語によって世界が異なる、学ぶ言語が多ければ、それだけ世界も広がる、ということをうまく表していると思います。一つ一つの言語は、独自の文化を有しているので、世界をみる視点が違います。そう考えると、外国語は、異文化へ開かれた窓であり、世界に繋がる窓になるわけです。だから外国語学習は難しく、しかし、だからこそ興味がつきないのでしょう。

その外国語学習から「異文化への窓」という役割を取ってしまい、英語の場合は特定の文化を相手にしない「広い世界への出窓」である、と役割を変えることで、学習する意欲が出るだろうかという、英語学習の動機づけに関わる課題もあります。これについては第六章に議論を譲るとして、本章では、英語学習の際に文化的負荷をかけない、あるいは「文化的負荷を軽減する」ことが可能であるのか、探ってみたいと思います。

外国語教育と文化——米国の場合

米国の言語学会として歴史のあるＭＬＡ（Modern Language Association of America 一八八三年創設）が二〇〇七年、高等教育における外国語教育の意義に関する報告を発表しました。米国の大学における外国語教育改善への提言ですので、国際共通語としての英語については全く触れていませんが、外国語教育と文化の関係についてアメリカの学会ではどう考えているか、紹介しておきます。

背景にある問題意識として挙げられているのは、「九・一一以降の世界において、英語以外の言語を学ぶ有用性はもはや議論の余地がない」という点です。グローバリゼーションだから英語だ、とばかり言っている日本とは余りの違いに、読み間違えたのかと思う読者がいるかもしれません。しかし、間違いではありません。「グローバリゼーションで有用になるのは、英語ではなく、英語以外の外国語だ」と言っているのです。

さらに続けて、外国語教育の目的は今も議論が継続中だ、と論議の内容を説明しています。一方で「言語は情報伝達やコミュニケーションのためのスキルだ」という考えがあり、もう一方に「言語は人間の思考プロセス、知覚、自己表現に必須の要素であり、〝言語を超え、文化を超える能力〟の核となるものだ」という考えがある、と紹介し、この報告書は後者の立場を取る、としています。つまり、言語は多面的な機能を持った複雑なものである、という認識です。さらに、異なる文化の人々を理解するためには言語能力と同等に深い文化的知識が必要なのは最近の世界を見れば明らかだ、と付け加えています。

そして外国語学習と異文化理解の重要性を指摘しながらも、これまでのように母語話者を目指すのは無理な到達目標である、と言い切り、その代わりに「二つの言語の間で機能できる能力（the ability to operate between languages）」を重視すべきだと主張しています。「外国語を使いこなせる能力」だけでなく、「母語と外国語の間を行ったり来たりすることの出来る能力」が必要で、それを「言語を超え、文化を超える能力（translingual and transcultural competence）」と呼んでいます。

ネイティブ・スピーカーのようになるのを目的とするのではなく、自らの言語に立脚しながら、異なる言語と異なる文化を学ぶ能力を育成するのが、大学における外国語教育の目的だ、というのがアメリカ言語学会による結論です。

ちなみに、この提言を策定するにあたり「国際共通語としての英語」について何らかの議論があったのかどうか、委員会メンバーであったクラムシュ（Claire Kramsch カリフォルニア大学バークレー校）教授に質問したところ、虚をつかれたという様子で、それは全くなかった、とのことでした。世界が共通語としての英語について研究し議論している中で、本家のアメリカではアメリカ人にとっての外国語教育について考えている、ということになります。

「言語を超え、文化を超える能力」、「母語と外国語の間を行ったり来たりすることの出来る能力」が外国語教育の核になる、というのは新しい考え方で興味をそそられます。ただ、「文化を超える」という時の「文化」が何を指すのか、これは日本学術会議が提案している「文化的負荷を軽くする」ことと繋がるのかどうか、具体的に、どのように指導するのか、という点については、今後の課題のようです。

外国語教育と文化――ＥＵ（欧州連合）の場合

ＥＵ（欧州連合）では、言語と文化についての基本理念は、「多様性の中の統一（Unity in Diversity）」に端的に表れています。ＥＵの公式サイトEuropaには、その理念が簡潔に記され、かつＥＵ加盟国の公用語二三言語で語られています。以下は英語版です[1]。

Languages are one of the key features of cultural identity. The European Union's motto "Unity in diversity" is a reflection of the multilingualism which lies at the heart of the EU. The European Union has always considered its many languages as an asset, rather than as a burden. While committed to political and economic integration among its Member States, the EU actively promotes the freedom of its citizens to speak and write their own language.

（言語は、文化的アイデンティティの主要な特徴の一つです。欧州連合のモットー「多様性の中の統一」は、ＥＵの真髄である多言語主義を反映したものです。ＥＵは、ヨーロッパの多くの言語を、負担としてではなく、貴重な資産として常に考えてきました。加盟国間の政治的経済的な統合を進めながらも、ＥＵは自らの言語を話し、書くＥＵ市民の自由を強力に推進します。）

The European Union recognises that language and identity are closely intertwined, and that language is the most direct expression of culture. Language policies have therefore been developed so that language diversity is respected, multilingualism is promoted and, if necessary, threatened languages are protected.

（ＥＵは、言語とアイデンティティが密接に関連していること、言語が文化を最も直接的に表現するものであることを認識します。従って、言語の多様性を尊重し、多言語主義を推進し、必要とあれば危機に瀕した言語を保護するような言語政策を定めています。）

統一するにあたり、例えば通貨など、さまざまな障壁を取り外し人やモノの移動を自由にするけれど、すべてを普遍化するのではなく、多様性を尊重する、特に文化と言語の多様性保持については努力を傾注する、という姿勢は、「多言語主義（multilingualism）」に結実しています。

異文化能力

同じくヨーロッパを統合した組織に、Council of Europe（欧州会議、欧州評議会）があります。一九四九年、人権、民主主義、法の支配という共通の価値の実現を目的としてフランスのストラスブールに設立されました。加盟国はEU全加盟国の他に南東欧諸国、ロシア、トルコなどが加わった四七ヵ国、オブザーバー国は五ヵ国（日本、アメリカ、カナダ、メキシコ、バチカン）です。実は、この欧州評議会が、ヨーロッパにおける言語や文化に関する方針を策定しており、全世界に影響を与えるような指針を出しているのです。

「ヨーロッパ共通言語参照枠（CEFR）」については、第二章で紹介しましたが、異文化理解について、「異文化能力（intercultural competence）」という新しい概念が提示されています。これまでの外国語教育が重視してきた「コミュニケーション能力」だけでは異文化コミュニケーションは円滑にいかない、「異文化能力」が必要だ、という発想です。「異文化能力」の内容としては、以下の要素が挙げられています。

＊異文化への態度——好奇心と開かれた心、他文化を疑い自文化を信ずる気持ちに待ったをかけられる態度。

Intercultural attitudes (savoir être): curiosity and openness, readiness to suspend disbelief about other cultures and belief about one's own.

＊自文化と他文化に関する知識——自分の国と相手の国について、社会集団や産物、慣習、社会的および個人的な相互作用プロセス一般について知っていること。

Knowledge (savoirs): of social groups and their products and practices in one's own and in one's interlocutor's country, and of the general processes of societal and individual interaction.

＊異文化を自文化と比較して理解する力——他文化の資料や出来事を解釈し、説明し、自文化のものと関連づけられる能力。

Skills of interpreting and relating (savoir comprendre): ability to interpret a document or event from another culture, to explain it and relate it to documents or events from one's own.

＊発見し学習する能力——ある文化や文化的習慣について新たな知識を獲得する能力、リアルタイムのコミュニケーションやインターアクションという制約の中で、知識や態度やスキルを機能させられる能力。

Skills of discovery and interaction (savoir apprendre/faire): ability to acquire new knowledge of a culture and cultural practices and the ability to operate knowledge, attitudes and skills under the constraints of real-time communication and interaction.

＊文化への批判的な気づき——自分の国や文化、他の文化や国々におけるものの見方、習慣、産物などを、明確な基準に基づいて、批判的に評価することのできる能力。

Critical cultural awareness (savoir s'engager): an ability to evaluate, critically and on the basis of explicit criteria, perspectives, practices and products in one's own and other cultures and countries.（Byram, 2001）

一読して分かるように、これらの要素は、例えば英語文化など、ある特定の文化を対象にしているわけではありません。異なった文化と交流する際に求められる資質が、どういうものであるかを分析したものです。これだけでは抽象的で分かりにくいのですが、「異文化能力」について提案した一人であるバイラム（Michael Byram）氏によれば、ヨーロッパ各国では既に、これをどのように授業で扱うかという具体的な実践がさまざまに行われているとのことでした。いくつかの実例を見ると、一方的に「教える」のではなく、事例を取り上げて生徒たちに議論させ、考えさせることで、自分たちの力で「気づき」を得ることが求められ、教える側の力量と時間的余裕が必須であるという印象を受けました。

しかし、グローバル時代に生きることを覚悟するなら、日本の「国際理解教育」「異文化理解教育」も、従来のものより一歩も二歩も踏み込み、文化紹介にとどまらず、異質な文化に向き合った時にどう対応するか、という視座からの、腰の据わった「異文化能力」教育が必要になると言えます。

欧州評議会が言語教育と文化について公式文書で述べていることを要約すると、「多様な言語と文化は価値のある共通資源」であるから大切にしなければならないし、「多様性」をコミュニケーションの障害物ではなく相互理解を生む源へ転換させるためには教育が大切である、言語を互いに学ぶことで「コミュニケーションと相互対話」が可能になり偏見と差別をなくすことになる、とまとめられます。

この信念を支えているのは、「言語は文化の主要な側面であるばかりでなく、さまざまな文化的表出に到る道でもある」という考えです。「一人の人間は、国の文化にせよ地域の文化にせよ、あるいは社会で属する集団の文化を含め、種々の文化の中で生きてきており、それらの文化が相互に作用し合って作り上げるのが〈複文化〉であり、〈複言語能力〉とは、〈複文化能力〉の一部として他の要素と相互に作用し合う」という前提から、「複言語主義（plurilingualism）」という考えが生まれました。

日本の英語教育の課題

ヨーロッパにおける外国語教育の理念、そして米国における外国語教育のあるべき姿についての提言を概観してみると、言語とは何か、言語と文化の関係とは何か、について相当に考え抜いたことが滲み出ている印象です。両者に共通しているのは、言語と文化の不可分性への鋭い意識、言語学習における文化および母語についての認識、さらに、ネイティブ・スピーカーを目指すのは非現実的な目標だとしていることです。その上で欧州評議会は「複言語主義」「異文化力」を提唱し、米国言語学会は「超言語・超文化能力」を提唱しています。抽象的で理念的ですが、理念なき言語教育ほど虚しいものはありません。

現在の日本の英語教育に最も欠けているのは「理念」だとさえ感じられます。

日本という国から発信する「外国語教育の理念」を探せないものだろうか、とも思います。「英語が使える日本人」が国家目標では、いささか情けない。日本語という豊かな言語遺産を受け継いでいる日本人は、これまで中国をはじめ海外から渡ってきた文化と言語を、日本という土壌に適合させつつ見事に変容させ日本文化に取り込んできたのですから、異言語学習の日本モデルを世界に提示したって良いくらいなのです。

残念ながら、これには時間がかかりそうなので、ひとまず置いておくとして、さて、現実の英語教育の世界に戻りましょう。

これまで検討してきて、英語という言語から文化は切り離せないことが明白になりました。けれどよくよく考えてみれば、切り離せないのは言語文化ともいうべき、言語に埋め込まれた「隠れた文化」の部分です。これは取り出して捨てることは不可能です。はがそうとしてもはがれません。しかし、これからの英語教育は、英米文化を理解することが目的ではない、英語母語話者をモデルとして到達目標にするのではないと覚悟すれば、そのことを意識するだけでも違いは出てくるのではないでしょうか。

少なくとも、目に見える表層的な文化を無自覚に教えることを避け、英米文化の真似を強要することは排除できます。これがなぜ重要かというと、現在の英語が置かれた「共通語」という位置、もしくは英語支配の現状、英語帝国主義的覇権という不幸な状況下では、英語の文化を教えるつもりでいながら、結果的に英米文化の優位性を児童や生徒に刷りこむことになりかねないからです。その点に気付くことは、生徒たちのアイデンティティを尊重することに繋がり、英語学習の際に起こる「自己との葛藤」への配慮ともなります。

具体例で考えてみましょう。

英語の授業である限り、教室の中は疑似英語環境にするべきだ、という指導法があります。教室に一歩入ったら、そこはアメリカ、とすることで英語漬けにすれば、英語が身につくはず、という考えです。そのような方針に従えば、教室内では最初から最後まで英語だけを使用するのみならず、すべてを可能な限りアメリカ式にすることになりがちです。日本の中学高校を見学した限りでは、これを徹底している学校は少なく、とりあえず授業開始時は日本風に「起立、礼！」から始め、着席してから英語式に切り替える、という和洋折衷が多いようです。

しかし会話学校や大学となると少し状況が変わってきます。「起立、礼！」はないし、アメリカ人講師などは、学生に英語の名前をつけることさえあります。指導法と意識しているわけではなく、単に日本語の名前は難しくて覚えられないんだ、というネイティブ講師もいますが、学生は本名ではなく、「トム」だの「ジョン」だの「メアリー」だのと呼ばれて授業を受けることになります。

日本人教師は、さすがにそこまではしませんが、学生の氏名を英語式に呼ぶことはします。「鳥飼玖美子」は、英語の授業では〈姓―名〉の順序を逆に〈名―姓〉として「クミコ・トリカイ」と呼ばれることになります。これは英語の授業では特に問題視もされず一般的に行われていることでしょう。

しかし、ある時、名前を英語式に呼ぶことは本人のアイデンティティに関わることなのを、学生が教えてくれました。立教大学に移って初めて担当した全学共通英語カリキュラム授業の第一回目でした。出席を取る際、私はほとんど無意識に、学生の氏名を英語式に直し、ファーストネームを先にして呼んだのです。以前の勤務大学でもそうしていたし、私自身が受けた英語の授業でも、先生はそうしていたから、というだけの理由で、深い考えがあったわけではありませんでした。大半の学生は、ごく当たり前の顔をして“Present.”と答えていましたが、名簿の途中まで来た時に、一人の男子学生が日本語でいきなり、こう言ったのです。

「僕の名前は、坂本龍馬（仮名）です。Ryoma Sakamoto じゃ、ありません。自分の名前で呼んでくれませんか」。教室中が凍りついたようになりました。先生が怒り出す、と思った学生が多かったのでしょう。しかし、私は怒るどころではありませんでした。ハッと胸を衝かれた、というのが正直なところでした。名前は大事です。その人間のアイデンティティそのものです。私自身、「トリガイ」と濁音で呼ばれるだけで憤慨し「ガイじゃありません。GじゃなくてKです。カイです！」と訂正するし、「玖美子」を「久美子」と誤記されると自分ではないようで不快になるくらいです。そのくらい名前は大切なのです。

私は、率直に謝りました。「そう、確かに、名前を引っくり返したら、自分の名前じゃなくなってしまうわねえ」。そして、クラス全員に問いかけました。「英語の授業だから名前は英語式にするべきだと思う？　それとも日本式で構わないと思う？」。

入学したばかりの一年生は困っているようで何も答えません。それで予定していた授業をしばし棚上げし、グループに分けてディスカッションをすることにしました。テーマは、「英語の授業では名前を英語式にするべきか否か」です。

結果は分かれました。「分からない」というグループもあったし、「英語の授業なのだから、英語式にするべきだ」という意見にまとまったグループもありました。しかし少数ながら、「英語を勉強するからといって、自分の名前を英語式にする必要はない」という意見もありました。国語審議会（二二期）が二〇〇〇年に、「日本人の姓名については、ローマ字表記であっても〈姓—名〉の順にすることが望ましい」と答申する少し前の出来事です。

失敗談を長々と紹介しましたが、振り返って考えると、これが、「英米文化を学ぶための英語」と「国際共通語としての英語」の違いではないかと思うのです。名（ファーストネーム）を先に、苗字を後にする氏名表記は、グローバルスタンダードなどではなく、西欧の習慣に過ぎません。東欧には日本語と同じ〈姓―名〉という表記の国（ハンガリーなど）があるし、中国や韓国も〈姓―名〉であり、英語だからといちいち順序を引っくり返したりはしません。日本の政治家や知識人が姓名表記を英語式に変えたのは、欧化政策が盛んだった一八八〇年代の鹿鳴館時代で、近代的だと考えられたからのようです。それが一般人に広まったのは英語教育の影響が大きい、というのが英語教育史を専門とする江利川春雄氏（和歌山大学教授）の見解です。英語教科書に英語風の日本人名表記が初めて登場したのは一九〇四年、日露戦争の年に発行された文部省の検定教科書（＝民間の教科書）で、太平洋戦争戦時下の一九四四年の英語教科書でも、連合艦隊司令長官の山本五十六がIsoroku Yamamotoと記されていたとのことです。

日本の歴代首相は、初代の伊藤博文から現在の菅直人首相に至るまで、自分の名前を引っくり返して英語式にしていますが[2]、「国際共通語としての英語」が脱英米文化であるとするならば、菅直人を「ナオト・カン」とする必要はなくなります。夏目漱石を「ソーセキ・ナツメ」と呼んだり、美空ひばりを「ヒバリ・ミソラ」と呼ぶ必要もないわけです。日本式のままで何ら問題なく、どちらが苗字であるかの説明を加えれば、かえって日本の習慣を紹介することにもなります。

このように主張すると、何やら日本文化至上主義のナショナリストのように誤解されそうなのが気になるので、補足すると、これは立場を変えれば相手の文化を尊重することにも繋がるのです。江利川氏は、その点を「自分の名前を大事にできない人は、他人の名前も大事にできない」と表現しています。

日本を代表する社会学者である宮島喬氏（法政大学大学院教授、元立教大学教授）は、二〇一〇年一一月一三日、立教大学大学院異文化コミュニケーション研究科公開講演会において、「日本人が〈多文化共生〉という時には往々にして、日本在住の外国人が日本語を学び日本の習慣を身につけ日本社会に同化することを意味している」という指摘をしています。これは痛烈な観察です。同じ講演会でバイラム氏（ダーラム大学名誉教授）は、今後の世界が目指すべきは“intercultural citizenship”である、と主張しました。日本語に訳しにくい言葉ですが、文化と文化を繋ぐ地球市民、といった意味合いでしょうか。つまり、自国の文化への同化を要求するのではなく、かといって相手に無批判に追従するのでもない。双方が歩み寄って、いわば文化を超えたところで共生する、ということが理想となるでしょう。

そのような理想を具現化する上で、英語がどれほどの役割を果たせるかは今後の課題ですが、少なくとも「国際共通語としての英語」を学ぶとは、どの文化に属する人々も自らのアイデンティティを堅持しながら英語を習得し、自分の主張を発信し互いに理解し合うためのコミュニケーションに英語を活用することが目的であり、最終的には異なる文化との共生を目指すべきことは確かでしょう。

⑴ 日本語訳は筆者による。
⑵ 江利川春雄「異議あり　名―姓か姓―名か、それが問題だ」朝日新聞、二〇一〇年一一月二四日朝刊オピニオン掲載

第六章　国際英語は動機づけになるか

「馬を水飲み場に連れていくことはできるけれど、水を飲ませることはできない」という英語の格言があります。今、ここにある水を飲んでおくべきという状況であっても、水を飲むのは馬なので、周囲が手助けできるのは、水のあるところに連れていくところまでです。馬が自分で飲まない限り、誰かが代わって飲んでやるわけにはいかないので、目の前にある水を飲むかどうかは馬次第です。

馬にたとえるまでもなく、どのようなことであっても周囲ができることはアドバイスくらいですし、親だって環境を整えることまではできるけれど、その環境や忠告を活かして何かをするのは本人です。周囲がいくら、こうすればいいのに、と思っても、本人がその気持ちにならなければ、どうしようもありません。学習もそうです。教える側ができることとは実は限られていて、学びというのは、結局は本人次第です。そうなると、教育の成否を決めるのは、どうやって本人をやる気にさせるか、ということになります。どうしたら何らかの行動を起こす「意欲を喚起」できるか、何が「動機づけ」になるのか、というのは教師にとって、教育にとって最大の関心事です。

意欲って何？

のっけから私事で恐縮ですが、私は小さい頃からよく言えばおっとり、悪く言えば意欲に欠ける、やる気ゼロの子供でした。徒競走というものは競争なのだから、他の子供より早く走らなければならないということすら小学校に入学した頃は知らず、初めての子供の晴れ姿を見ようと張り切って運動会に来た両親は、一番後ろから嬉しそうに楽しそうにのんびり走ってくる娘の姿に落胆したとのことです。

私立の一貫校で小学校から中学に進学する直前の春、担任の先生に呼ばれました。「鳥飼さん、あなたに一番欠けているものは何だか分かりますか？」と聞かれ、「分かりませんと答えると、「それはね、〈意欲〉というものなの。あなたには意欲というものが全然ないですね。運動会の行進でも、タラタラと歩くでしょう？　まるっきり意欲がない歩き方です。一事が万事よ」と言われたのです。

困ってしまい黙っていると、「意欲って、何だか分かりますか？」と質問の追い討ちです。正直に「分かりません」と告白すると、「それはね、やる気があるってことなの。あなたにやる気さえ出たら、って先生は本当に、いつも思ってるんですよ。中学に行ったら、意欲を出しなさいね」。

先生のいつになく真剣な表情に打たれ、「分かりました」と誓ったものの、実はまるで分かっていませんでした。「やる気って、何？」「意欲って何？」と思い、雲をつかむような話でした。ともかくも自分には「意欲」というものがなくて、だから成績が悪いということを先生は残念に思っているらしい、「意欲」というものがないと中学に行ってから困るということを親身になって心配してくれているんだ、と有難くは感じましたが、では具体的にどうしたらよいか分かるわけもなく、中学でも相変わらず、のほほんと楽しく過ごしたものでした。

のんびりしていて、どうしようもない、と親からも言われ続けていた私が変身したのは、高校生になってアメリカに留学してみたくなり猛然と英語を勉強しはじめてからです。それでも当時は、自分がまさしく意欲的になり、やる気を出したのだ、などと自覚はしていませんでした。ずっと後になって、自らが教員になってから、高校時代の自分を振り返り、「そうか、アメリカという国に留学してみたいという素朴な夢が〈動機づけ〉になって、英語を学ぶという〈意欲〉が生まれ、だから英語を勉強するという努力を自分でするようになった、つまり〈自律的な学習〉をするようになったのだ」と気づくことになります。

教育心理学などの研究では、動機づけ（モティベーション motivation）が学習に重要な役割を果たすことが、よく知られています。いくら優秀な教師が熱心に指導しても、あるいは親がおだてたり叱ったりアドバイスしたりしても、本人にやる気がなければ、何を、どう教えてもダメなのです。ということは、すなわち、肝心の本人に、学びたい、という動機がなければ、教育効果をあげることは難しい、ということです。つまり、教師の仕事の大半は、生徒や学生を動機づけること、そして動機づけから生まれた意欲を持続させて自ら学ぶことができる自律性を育成することにあると考えられます。

外国語学習においても、動機づけの役割は以前から指摘されており、さまざまな研究がなされてきました。「道具的志向（instrumental orientation）」（就職など実利に関連）と「統合的志向（integrative orientation）」（外国の社会と交流したい気持ち）という視点からの研究、「内的要因」と「外的要因」という切り口で動機づけを解明しようとした研究や、「自己効力感（self-efficacy）」が取り組みに費やす努力や粘り強さの量を決定するという理論など、諸説あります。ただ、動機づけが決め手らしい、ということは分かっても、何が動機となるかを特定するのは簡単ではありません。人間の心は誠に複雑で個性もあります。一筋縄ではいかないのだ、ということが多くの研究を概観すると分かります。その中で、これまで最も影響があったのは、カナダの社会心理学者による研究です。

ガードナーとランバート（Gardner and Lambert, 1972）という二人の研究者が行ったのは、カナダという二言語使用国家での英語とフランス語習得に関する「道具的・統合的動機づけ」の研究でした。特に「統合的動機」についての研究が注目を浴び、その後の動機づけ研究に大きな影響を与えました。「統合的動機」（後年の研究では、志向orientationという用語に変更）というのは、学習対象とする言語を使っている集団に対する肯定的な気持ち、その社会と交流し、その社会のメンバーと同じようになる希望を表します（ドルニェイ、2005年）[1]。

それを日本での英語学習にあてはめると、日本人が主として思い浮かべるのは英米人でしょうから、英語学習を成功させる統合的動機とは、英語を使っている集団、つまり英語圏諸国とそこに住む人々に対する肯定的な気持ちであり、英米社会と交流し、できたら英米人と同じような存在になりたいという希望を持つ、ということになります。高校生の私は、アメリカ人と同じになりたいとは思いませんでしたが、雑誌で「アメリカ留学便り」

のような連載記事を読んでアメリカに興味を持ち、自分も留学したいと願って英語を勉強するようになったわけですから、「統合的志向の動機づけ」が学習意欲を推進したということになります。

これは、我ながら、うーん、と考え込んでしまいます。もし、ある言語を話す人々や社会に興味や好意的な感情を抱くことが動機づけになるとしたら、本書で主張してきた「脱英米」の「国際英語」では、学習の動機づけにならない、ということでしょうか。

しかしよくよく考えてみると、これまでも、現在も、多くの日本人英語学習者は、「英米人に対して肯定的な気持ち」があり、「英米社会と交流したい」という願いがあり、中には「できたら英米人と同じような存在になりたいという希望」を持っていた人もいたのではないでしょうか。それでも、日本人の英語が上達したという評価はないし、自分たちも英語力がついたとは思っていない。ということは、日本の場合は、統合的動機がさほど効果的ではない、ということになるのでしょうか。むしろ、「就職に必要」「昇進に有利」という道具的動機の方が有効なのでしょうか。いや、そうでもなさそうです。受験には英語の成績がものを言う、というのは周知でありながら、英語を勉強しない受験生はいるし、受験があるから生徒たちの英語力が伸びた、という話も聞きません。むしろ逆で、受験があるから英語を話せるようにならない、と言われます。大学生たちは就職活動を始める三年生になる頃からおしなべてＴＯＥＩＣテストを受けるようになりスコアを気にしますが、だからといって大学生の英語力が上がった、ということもありません。北米の大学・大学院への留学に必須のＴＯＥＦＬのスコアも下位を低迷していて一向に好転しません。

では、統合的志向の動機であっても、国際共通語としての英語については少し修正し、「対象とする英語を使っている多様な集団に対する肯定的な気持ち、英語を使用している世界のさまざまな社会と交流し、国際社会の一員になる希望を持つ」と考えれば、国際共通語としての英語も動機づけになり得るでしょうか。

「国際的志向性」

最新の動機づけ研究は、心理学の面からだけでなく、教育学や社会学など、より広い視野で考察するようになっています。フランスの社会学者ブルデュー（Pierre Bourdieu）の思想を援用して、言語を「象徴的な力（symbolic power）」「資本（capital）」、外国語学習への「投資（investment）」と考える分析は、まさに国際共通語としての英語学習に関係してきます。外国語を学ぶ際の「自己（self）」と「アイデンティティ」が動機づけに大きく作用する、という研究が多くなっているのも示唆的です（Dörnyei and Ushioda, 2009）[2]。

その中で、日本人の英語学習者を対象に「国際的志向性」という興味深い動機づけ要因を挙げている研究があります（八島、２００４年）[3]。日本で「英語」が象徴する「漠然とした国際性」というものが、日本人の英語でのコミュニケーション行動に影響を与えているのではないか、という仮説です。いろいろな文化の人々と知り合いたい、外国人と友達になりたい、国連などで国際的な仕事をしてみたい、海外での出来事や国際的な問題に興味があるなど、世界と関わることを求める態度、異文化や外国人への態度などを包括的に捉えるのが「国際的志向性」です。この中には、対極として、隣に外国人が引っ越してきたら困る、海外出張や転勤は避けたい、などの異文化回避傾向も含まれます。

調査では、「国際的志向性」は英語学習意欲に結びついており、「国際的志向性」を持っていて、英語コミュニケーションに自信があり、英語を使う自分に肯定的な意味を見出す人が、学習指導要領の言葉を借りれば、「英語で積極的にコミュニケーションを図ろうとする」、という結果が出ています。海外に興味があって、英語に自信があれば、そりゃ、積極的に英語で喋るだろうよ、当たり前だ、と言いたくなりますが、「国際的志向性」を上手に形成すれば、それが動機づけとなって、英語学習への意欲がかきたてられる、ということはあり得るかもしれません。

「国際的志向性」というのは「志向性」ですから、直接的に教えこむ類《たぐい》のものではないし、体験や環境によっては逆の「回避傾向」に進む場合もあります。保護者の言動、教師の振る舞い、メディアの影響など要因も多岐にわたりますから、単純ではありません。けれども、英語学習へ向かう、一つの可能性として、考えてみることも意味がありそうです。

試しに、誰もが知っている有名人で事例を見てみましょう。

綾戸智恵さんの場合

ジャズ歌手の綾戸智恵さんは、一九七〇年大阪万国博の頃は小学生だったそうですが、外国人を見つけては英語で話しかけてみた、と語っています（NHK・BS-2「ザ☆スター」、二〇一〇年四月一七日放送）。外国人に拙《つたな》い英語で話しかけてみるだけで、その時は相手の答えまでは理解できず対話には至っていなかったようですが、それでも、その体験が、英語をもっと学びたいという意欲につながり、最終的にはアメリカに渡ってのジャズ修業にまで発展します。

ポイントは、小学生の綾戸さんが、どうして外国人に話しかけたいと思ったのか、にあります。生来の外向的な性格も手伝って、外国人に話しかける度胸があったとしても、もともと「国際的志向性」が備わっていたから、英語で話してみたい、話してみよう、という気持ちになったのでしょうか。しかし、「国際的志向性」が、どうやって身についたのかは、番組での綾戸さんの回顧談からは読み取れませんでした。

動機づけとは関係なさそうですが、コミュニケーションの視点から、綾戸さんは興味深いことを語っていました。大阪出身の彼女は、関西の人間は必ず「ボケとツッコミ」でやりとりすると言い、これはジャズの「コールとレスポンス」と同じや、と言うのです。しかし私から見ると、これこそ「対人コミュニケーション」の真髄なのです。打ってきたら打ち返す。投げられたボールは投げ返す。こうして対話は成立するのですから、まさしく「ボケとツッコミ」です。日本人は、ボールを投げておしまいの「ボウリング型会話」だから英語の会話を続けることができないと言われますが、綾戸説をとれば、これは日本人の問題ではなく、関東人の問題なのかもしれません。関西人に言わせると、「ボケとツッコミ」は子供の頃から日常的に家庭で〈訓練〉するのだそうです。

そういえば、神戸出身の同僚が、会議の最中に、何やら一言、ボソッと発言することがありました。まさか冗談のつもりとは思わず、意図がよく分からないまま無視していることが多かったのですが、ある時、京都出身の教員に注意されました。「あれは、ボケではるんやから、ツッコんで返してあげな、気の毒や」と言うのです。「ボケとツッコミ」というのは漫才がやるものだと思っていた東京生まれ東京育ちの私は、啞然としました。どうやって返せばいいわけ？　と聞いたところ、「アホちゃうか」と言えば良いのだと教えられたので、もしかして、これがかのボケ？　と思った機会に思いきってツッコミを試してみたのですが、東京っ子丸出しで「バカじゃないですか」と言ってしまい、「ちゃう、そうやない」とさらなる注意を受けるはめになりました。日本人同士のコミュニケーションだってこれだ、難しいものだ、と思い知りました。関西弁のコミュニケーションをめぐる綾戸智恵さんの話を聞きながら、地域性はあるにしても、日本人に対話ができないことはない、「ボケとツッコミ」、「コールとレスポンス」、これを英語学習に導入できないだろうか、と思ったくらいです。

押切もえさんの場合

モデルの押切もえさんも、「国際的志向性」が強いタイプだといえます。「中高時代から『世界を旅して、いろんな人と出会いたい』という夢があり、英語の授業は好きでした」(朝日新聞「リレーおぴにおん」二〇一〇年八月一九日)という語りは、「国際的志向性」が英語学習への動機づけとなる見本のようです。

しかも、動機づけは長期にわたって継続しています。中学の英語教科書はだんだん単語の数も増えて難しくなるので挫折する中学生が多いなか、何とか乗り切り、高校卒業後も、英語で日記を書いたりする努力を続けますが、二五歳の時に仕事でニューヨークを訪れた際に英語力不足を痛感し、帰国してから英会話学校に通います。そして猛勉強のさなかにNHK「英語でしゃべらナイト」にレギュラー出演するようになり、英語でのインタビューをするなど、仕事で英語を使うようになります。「仕事で英語が使える日本人」に到達したわけです。

押切もえさんの語りで印象的なのは、「基礎をつくってくれたのは学校英語」だと評価していること。学校教育のせいで英語が聞き取れない、喋れない、とこぼす人が大半なのに、これは稀有《けう》なことです。

押切さんは初めてニューヨークで一人旅をした時に、現地の人たちの英語が速すぎて聞き取れない上、自分の言いたいことも伝わらず、レストランでは注文したつもりのない料理がドサッと置かれた、など力不足を思い知り、「悔しくて、ふさぎ込みそう」になった、と振り返ります。ニューヨークは外国出身者が非常に多く母語の種類だけでも何十にもなる都市なので、押切さんの英語が聞き取れなかったのは相手の英語力不足の可能性があるし、彼女が「速すぎて聞き取れない」と思った英語は、相当に訛《なま》りの強い英語だったかもしれません。たいていの日本人は、こういう体験をして「力不足を思い知り、悔しくて、ふさぎ込みそう」になると、「だから学校英語はダメなんだ。使える英語を教えてくれないから、このザマだ」と、学校英語を恨んで終わります。ところが押切さんは、悔しさをバネにさらに努力を続け、親しくなった外国人とEメールでやりとりをするようになります。

すると「あなたのライティングはパーフェクト」と言われ、学校で学んだ基礎学力の大きさに気づくのです。そして、日本人は学校でみっちり勉強しているのだから「潜在的に高いレベル」の英語が身についているはず、「会話は慣れ」、「耳を鍛え、失敗を恐れずにしゃべる勇気を持てばいい」という結論に至ります。

「国際的志向性」が英語学習への強い動機づけとなり、努力を継続させる力を生んだ成功例といえますが、いつ、どのようにして「国際的志向性」が生まれたのかは不明です。記事になっていない部分があるのか、本人も覚えていないのかは分かりません。

桂かい枝さんの場合

桂かい枝さんは、上方落語の次世代を担うと期待される若手の落語家です。NHK新人演芸大賞・文化庁芸術祭新人賞・第五回東西若手落語家コンペティション優勝など数々の賞を受賞していますが、これまでの落語家の枠に留まらず、世界に「RAKUGO」という日本独自の話芸を広めようと、一九九七年から古典落語を英訳し、英語による落語を始めました。二〇〇八年四月からは半年間、文化庁の文化交流使として全米各地で英語の落語公演を行い、二〇一〇年一月現在、世界一三ヵ国八三都市で三二〇を超える公演を成功させているとのことです。

英語学習や国際交流のきっかけになればと、日本各地の中学・高校・大学、国際交流イベントなどでも英語落語公演を行い、今や、かい枝さんは、英語を使いこなす落語家として、あちこちから講演に招かれ、ひっぱりだこです。落語という日本の古典芸能を英語で世界に紹介するという、発信型英語を駆使する国際人のお手本ともいえる存在になった、ということでしょう。それにしてもかい枝さんは、そもそもどうして英語に関心を持つようになったのでしょうか。

かい枝さんには二〇〇九年夏、NHK「ニュースで英会話」のテレビ特番に出演していただいたことがあり、その英語力に感心しましたが、NHKラジオ「近未来からのメッセージ―英語とどうつきあえばいいの？」(二〇一〇年一一月三日放送)でご一緒した際に、一九九八年に初めて海外に出るまでは全く外国に行ったことがなかったことを知りました。英語は好きだったけれど自分の英語で落語が通じるのか不安だったそうです。笑ってもらえた時はほっとした、笑ってもらうという反応を受けて、だんだん自信が出て来て、堂々と英語で落語をやれるようになった、との弁でしたが、そもそもなぜ、どうして英語が好きになったのかまでは、聞く機会がありませんでした。

ご本人のホームページを見ると、「中学時代の恩師の影響で英語に興味を持ち、英語を使った仕事を志すが、大学時代に落語と出会い、卒業後、上方落語の五代目桂文枝に入門。……『英語落語』で昔の夢である英語と、落語を両立」させたとあります。

どういう先生だったのか、どのような影響を受けたのか詳細は書いてありませんが、中学時代という大事な時期に良い先生に巡り合ったものと思われます。中学時代の英語の先生の影響で英語を学ぼうと思った、ということでは、「ミスター同時通訳」として知られる村松増美さんも同じようなことを話してくれました。終戦直後の学校で悪さをしようとした進駐軍兵士を英語でいさめた先生の姿を目の当たりにして、「自分もああいう風に英語を使えるようになりたい」と強く思ったことが、英語を熱心に勉強する動機づけになったそうです。教師の役割の重要性を示唆する例です。

かい枝さんの場合、中学の恩師の影響で英語に興味を持つようになった、というだけでは、「国際的志向性」が、いつ、どのようにして育まれたのかまでは分かりません。単なる英語好きだけでは、ここまで積極的に世界へ出て行き、英国国営放送、スウェーデン国営放送、デンマーク国営放送など海外のテレビ番組に出演するまでには到達しません。おそらくは日本の落語を世界に広めたい、という使命感が根底にあるのだと推察しますが、「世界に発信する」という「国際的志向性」が、どのようにして生まれたのかを知りたいものです。

もっとも、いつ、どのようにして「国際的志向性」が芽生えるのかは、おそらく、生まれてからの家庭環境や周囲の人々の影響などをつぶさに調べないと判明しないでしょう。本人も自己認識がないのがふつうですから、小さい頃から今日に至るまでの人生を語ってもらい、そのライフストーリーを分析してみないと解明できそうにありません。それは、いつか試みたいことですが、今回は手っ取り早く、一番よく知っている人、つまり自分自身を事例として考えてみます。

私の場合

押切もえさんの語りで、私の目に飛び込んできた一言があります。「人見知り」という言葉です。「英語を道具として生かすことで世界が広がり、弱点だった人見知りする性格も徐々に克服できました」という部分に出てきた「人見知り」という言葉。私自身が小さい頃から人見知りする性格だったので、その一言に、同類に出会ったような気がしました。

赤ん坊の私は、歩くより話し出すのが早かったらしく、生後一〇ヵ月頃からやたら喋っているのに初めて歩いたのは二歳になってからで、本当に恥ずかしかったし心配もした、とよく両親から聞かされました。それほど小さい頃からお喋りではあったのですが、でも何故か人見知りが強かったそうです。それを気にした母親は、盆踊りの輪に無理やり私を入れて踊らせたり（妙な克服法ですが）、機会があるごとに人と会いに連れて出かけたりしました。しかし、親と一緒に誰かと会ったり、盆踊りで「東京音頭」を踊るくらいで性格は直りませんから、人見知りはずっと続きました。

高校生で一年間のホームステイ留学をして、かなり社交的になったつもりで帰国しましたが、同時通訳者として仕事を始めた二〇代の頃もまだ、「その人見知りを直さないと仕事は来ないよ」と言われ、「つんつんしてプライドが高過ぎる」とさとされ、「もっと人なつこくした方が可愛がられるよ」とアドバイスや批判を受けることばかりでした。「人見知り」は弱点どころか、他人に不快な印象を与えるらしいと気がつき、懸命に自己変革を試みたものです。最近は、「あなたが人見知りするタイプ？　ご冗談でしょ」と笑われるようになったので、欠点を克服し過ぎたのかもしれないのですが、英語を媒介に世界が広がったことで、自分自身を外へ向けて開くことができるようになった、ということになるでしょうか。

最近は、外国語を話す「自己（セルフ）」と外国語学習の関連に焦点を当てた研究が出てきていますが、英語を話す自分を肯定することで学習が促進されることもあるでしょうし、もしかすると英語学習によって新たな自己が生まれるということがあり得るのかもしれません。

「国際的志向性」の観点から振り返ると、母親が私をことあるごとに連れ歩いたのは、その伸長に役立ったのかもしれない、と今になって、これを書きながら、思いつきました。

知らない大人と会っている時の子供が多くの場合そうであるように、私は黙ってつまらなそうに座っていただけでしたが、その場で話されていたことなどは、しっかり聞いていました。母が知り合いや友人と会話をしている光景は断片的に記憶に残っています。たとえば、母の友人宅を訪れた際に、英国式に紅茶を淹《い》れる優雅な様子に目を見張った覚えがありますし、外交官夫人だった女性が語った英国体験談は、詳しい内容は全く覚えていないながら、日本とは違う世界があるらしい、というおぼろげな印象は受けました。どこの誰とも今となっては判然としないのですが、母が外国の人と英語で話している姿、何を話しているのだろうと思いながら傍《かたわ》らで聞いていた自分が記憶の片隅にあります。

そのような小さな「異文化体験」の一つずつが私に影響を与え、小学生になった頃に近所で遊んでいるアメリカ人の子供を見かけて友達になってみたいと思ったのかもしれません。一緒に遊びたいと思わなければ、私はその子に近づくことはなかったはずなのです。近所には日本人の友達が何人もいて遊び仲間に不自由していたわけではないので、黙って見過ごしていても構わなかったのです。それをあえて近づいて、しかも近づきたいためにわざわざ母親から教わった「ワッチャーネーム（"What's your name?" のつもり）」という、生まれて初めての英語らしきものを使って、自分から話しかけてみたのです。これは私の英語体験の原点、自ら英語で発信した初体験です。

この自発性を生み出したのが「異なるものへの興味」という「国際的志向性」の芽だとすると、それがどうやって生み出され促進されるかという点を究明することは、国際共通語としての英語への動機づけを考える上で、意義ある貢献になると思われます。

朝日新聞「オピニオン インタビュー」

本書では、さまざまな提言をしましたが、その前提となっているのは、二つの問題提起です。一つは、実用か教養か、文法か会話か、などの二項対立的な議論をしている時代は過ぎた、どちらも大切なのだから、あれかこれか、ではなく、英語という言語を総体的に考えて教育のあり方を考えませんか、ということ。

もう一つは、これからは国際コミュニケーションに使うことが目的で英語を学習するとして、国際共通語としての英語を学ぶ、教えるとは、どのような内実を伴ったものなのかを熟考し、教育に生かしませんか、ということです。

ちょうど本書を書いている頃、朝日新聞のロングインタビューで、そのような考えを話しました。私の主張が端的に出ていますので、参考までにその記事を掲載します。

「これからの英語」

（朝日新聞二〇一〇年一〇月二〇日付。聞き手―刀《と》祢《ね》館《だち》正明編集委員）

——かつて「英語教育は実用主義か教養主義か」という大論争がありました。近年は学校で「コミュニケーション重視」の教育が進む一方、以前からの文法・読解を重視する立場からは見直し論が出ています。なぜ、英語教育のあり方は常に論争になるのでしょう。

「大論争とは平泉・渡部論争ですね。元外交官で参院議員の平泉渉さんが一九七四年に試案を出し実用のための英語を教えるべきだと訴え、大変話題になりました。敢然と立ち向かったのが渡部昇一・上智大教授で、彼は『教養のための英語で何が悪い』と言い切りました」

「結論は出ませんでしたが、論争はいまも脈々と続いています。私流に言えば『使える英語』か、『使えない英語』かです。バブル崩壊後、自社の英語研修や社費留学にお金をかけられなくなった経済界から英語教育へのプレッシャーが高まりました。読み書きばかりで話せないのは困る、大学卒業までに使える英語を身につけさせるべきだという圧力です。英語教育は大きく変わりました。学習指導要領は九〇年代にコミュニケーション重視に踏み切りました。実利の要求と英語教育の議論、文部科学省の政策はリンクしています」

「いまは文法・訳読を重視する人たちから、振り子を戻せという主張が出ているほどです。コミュニケーション重視というが、効果が出ていない。それどころか基礎学力そのものが低下しているというのが彼らの懸念です」

■　■

——ですが、多くの人はいまも「学校英語イコール文法・訳読」だと思っているようです。

「疑問なのは、どうして英語教育の現状が一般の人に認知されないのかということです。自分の子どもが通う学校の英語教育を知らないのでしょうか、教科書を見ないのでしょうか、不思議でなりません。政府の審議会でも、経済界の偉い人たちが『学校英語はだめですなあ』『読み書きばっかりやって、会話が出来なければしょうがない』とおっしゃる。私が『この一〇年二〇年、様変わりしました。いまは会話中心になっていることが問題で、読み書きは出来るというのは昔話です』と言うと、不愉快そうな顔をされてしまいます」

——なぜ実態が知られないのでしょう。

「なぜでしょうね。四〇代以上の人たちは中学高校時代にさんざん読み書き文法をやらされたという記憶が強く残っているんですね。なのに英語が話せない。いまの企業は厳しいですよ。話せないとだめだ、みたいな。じゃあ、あの英語の授業は何だったんだ、と。それが怨念《おんねん》になっているようです」

——怨念、ですか。

「ちゃんと学校で英会話を教えてくれたら自分だって出来たはずだ。話せないのは学校英語のせいだ、というわけです。ニューヨークに出張して思い切って英語でしゃべったのに、『は?』という顔をされた。だめだ、通じないじゃないか。これは日本の学校英語に責任がある……。その悔しさが子どもの世代に向かうんです。『おまえはちゃんとやれよ』『読み書きなんかいいんだ、しゃべれないとだめだ』。でも私に言わせれば、これまで企業人が外国に放り出されて何とか英語でやってこられたのは、読み書きの基礎力があったからなんです」

——コミュニケーション重視か文法・訳読重視か。鳥飼さんはどちらの立場ですか。

「どちらも正しいんです。『コミュニケーションが大事』というのも、『読み書きを重視しないとだめ』というのもその通りです。ですが、いまの子どもたちはどちらも出来なくなっている。もう論争はやめて、両方出来るような、しかも日本人の特性に合った、最大限の効果を出すような教育方法をみなさんで考えませんか、と言いたいですね。ある程度の基礎力を身につけたら、学校教育としては使命を果たしたと思っていいのでは。あとは本人の努力です」

■　■

――グローバル化と言われる時代、我々が学ぶべき英語はどういうものでしょう。英語に対するパラダイムシフト（考え方の大転換）が必要だと主張していますね。

「みなさん、『世界はグローバル化した、グローバル化時代は英語が国際語だ』とおっしゃいますが、本当にその意味を理解していらっしゃるのでしょうか。英語はもはや米英人など母語話者だけの言葉ではありません。彼らは四億人程度ですが、インドやシンガポールのように英語が公用語の国の人たちと英語を外国語として使う国の人たちを合わせると十数億人。みなさんが英語を使う相手は後者の確率がはるかに高い。英語は米英人の基準に合わせる必要はない時代に入りました。私がパラダイムシフトと呼ぶのはそういう意味です」

――どういうことですか。

「例えばノーベル賞は英語では the Nobel Prize ですが、日本人はじめ英語が母語でない人たちは the を忘れがちです。母語話者は『the がないと違和感がある』と言う。それは彼らの勝手で、それ以外の人はなくても気にしません。意味が通じるなら、それでいいじゃないですか。これが国際共通語としての英語です」

――それでは英語が英語でなくなりませんか。

「たしかに世界中の人が好き勝手に使っていいとなると、共通語として機能しなくなってしまう。発音でも文法でも、どこを守ったら英語といえるのか。そのコア（核）を探す研究がヨーロッパを中心に取り組まれています。コアを特定できたら、そこを重点的に教えればいい。発音だって米英人をまるでモデルのようにしてまねをする必要はなくなります」

――rと1の違いもたいした問題ではなくなりますか？

「全く問題ないです。様々な国の、英語が母語ではないいろいろな人に聞かせて、理解できるかどうか調べると、rと1の違いなんて文脈でわかるんですよ」

――ライス（rice）を頼んだつもりでもシラミ（lice）と受け取られる、だからちゃんと練習しろと教わりました。

「でもレストランでシラミを注文する人はいないですね。theだって『ザ』でわかる。そのかわり日本人はもう少し丁寧に子音の連結や強弱のリズムをマスターしたほうが理解されやすくなるでしょう。大事なのは米英人のような発音やイディオムではなく、わかりやすさです。文法も、共通語として機能するための基本を教え、使う時には細かいことを気にせず使えばいいのです」

——ここまでは英語だけれど、ここから先は英語じゃないという判断は、米英人がするのですか。

「いいえ。ヨーロッパで行われているのは、母語話者ではない様々な国の人たちの多様な英語を集めて、わかるかわからないかを調べる研究です。誰に聞かせてもわからないという結論がでると、これは問題。ここはちゃんと教えましょう、というわけです」

「英語か英語でないかを母語話者が選ぶなんて、そんな時代は過ぎました。自分たちをスタンダードにしろなんて言ったら、それは少数派の身勝手です。英語は、申し訳ないけれど米英人たちの固有財産ではなくなったんです。彼らにとっては変な英語がまかり通って不快でしょう。けれど、私たちだって苦労して勉強しているんです。彼らにも歩み寄ってもらわなければ。共通語なんですから」

■　■

——英語学習者には米英で使われている英語、「生きた英語」を学びたい人も少なくありません。

「私もアメリカにあこがれて英語を学びました。ですからその気持ちはよくわかります。教師としてもアメリカではこういう言い方をする、こういう面白い表現があると教えたくなるんですよ。でもあえて教えません。だって、アメリカ人しかわからないものを学んでどうするんですか。そんな言葉は国際共通語じゃない。余力のある人、米英の文化や言語を専門にする人が学べばいい。少なくとも義務教育、公教育で教える英語は国際共通語に絞るべきです」

——国際共通語としての英語と地域語としてのアメリカ語やイギリス語を分けてとらえよ、と。

「そうです。英語が国際共通語として定着したいま、ほかの言語と同列に扱うことはできません」

——国際共通語としての英語は英語から固有の文化を切り離して考えるということですか。外国語を学ぶには、その言語が話されている国の文化を学ぶ必要があると言われます。

「英語には米英の文化や生活、歴史が埋め込まれています。これを全部切り離すことは現実には無理です。そこが一番苦しいところですが、教える側の意識の問題だと考えています。少なくともコミュニケーションのための英語というのなら、無自覚に米英の文化を教えようとしないほうがいい。これは相当批判を浴びるでしょうね。でも、これしか『英語支配』を乗り越えるすべはありません」

「国際共通語としての英語に、もう一つ重要な要素があります。それは自分らしさを出したり、自分の文化を引きずったりしてもいい、ということです。『アメリカ人はそうは言わない』と言われたら『アメリカでは言わないでしょうが、日本では言うんですよ』。それでいいんです」

——それはすごい。

「お互いに英語が外国語で、下手な英語を話す人同士が『本当はあなたの母語が話せたらいいんだけど、ごめんなさいね』『いやいや私こそ、日本語を話せないのでごめんなさい。しょうがないから英語で話しましょう』というわけですから。日本人は日本人らしい英語を話し、相手は例えば中国人なら中国人らしい英語を話し、でも基本は守っているから英語として通じる、コミュニケーションが出来る。これが、あるべき国際共通語としての英語です」

(1) ゾルタン・ドルニェイ（２００５年）『動機づけを高める英語指導ストラテジー35』米山朝二・関昭典訳、大修館書店〔原著：Dörnyei, Z.(2001). *Motivational strategies in the language classroom.* Cambridge University Press.〕

(2) Dörnyei, Z., and Ushioda, E. (Eds.). (2009). *Motivation, language identity and the L2 self.* Bristol: Multilingual Matters.

(3) 八島智子（２００４年）『外国語コミュニケーションの情意と動機』関西大学出版部

これからの英語と私たち——まとめに代えて

「コミュニケーション」とは、つまるところ「他者との関係性」です。自分と、自分とは異なる存在とが、共に関係を構築するのが、「コミュニケーション」です。単なる伝達の手段ではないし、日常会話の域にとどまるものでもありません。伝えようと思わなくても、そこに相手が存在するだけでコミュニケーションが成立する場合もあります。コミュニケーションをしないではいられないのが、人間なのです。

「言葉」は、人間の心です。言葉は思想であり、文化であり、人間そのものです。言葉があるから、私たちは人間なのです。その言葉には、音声で話す言葉もあれば、文字に書く言葉もあるし、手話という言葉もあり、沈黙の言葉もあります。そのどれもが、「言葉」として、私たち人間の心を表現します。

私たちが、それぞれの思いを伝えようとする時に、言葉を使ったコミュニケーションが起こります。しかし、自分以外の他者はすべて異質な存在なのですから、努力しなければ関係は構築できません。伝えたいと願っても、うまく伝わらなかったり、誤解されたりして、コミュニケーションが失敗することがあるのは、やむをえないことだと言えます。そのような失敗を避けるために、私たちは互いに配慮し工夫するのです。

「異文化コミュニケーション」というのは、異なる文化で生きてきた者同士が関係を構築しようとすることを指します。異文化コミュニケーションとは英会話のことだと勘違いしている人が日本に多いのは誠に残念です。「異文化コミュニケーション」とは言語を問わず、異質な文化が邂逅し接触する際に必然的に起こる事象です。「異なる文化」は、外国ばかりとは限りません。世代の違い、ジェンダーの違い、障碍《しょうがい》のある人とない人の違い、人間と動物、人間と自然、どれも「異文化」です。そして、異文化同士がコミュニケーションをするということは、会話だけを意味するのではありません。読むことも書くこともコミュニケーションなのです。もっと言えば、言葉のないところでも異文化コミュニケーションは起きます。

誰がどこに座るかなどの空間の使い方、時間を守るか遅刻を許容するかの態度にも文化や社会習慣が表れコミュニケーションを左右するし、沈黙そのものがコミュニケーションになり得ます。例えば何かを聞かれて黙っている時の〈沈黙〉は、単なる「空白の時間」ではなく、周囲を慮《おもんぱか》って発言を躊躇《ちゅうちょ》していたり、反論を抑えていたりなど、さまざまなコミュニケーションが暗黙のうちに行われているわけです。日本語の場合は、婉曲《えんきょく》な断りを沈黙で表現することがあり、相手がそれを察することが期待されます。

もっとも沈黙に意味づけをするのは日本文化だけではありません。目上に対しては沈黙することが礼儀の文化と、沈黙を「無言の反抗」と解釈する文化が遭遇すると、生徒と教師との間で誤解や軋轢《あつれき》が生まれる可能性もあります。

言語が同じでも文化が違うことはあります。タンネン（Deborah Tannen）という言語学者は、アメリカでの男女のコミュニケーション・スタイルの違いについて何冊もベストセラーを出しています[1]。それを読むと、同じ英語を話すネイティブ・スピーカー同士であるのに男女でかくも誤解やすれ違いが起きるのか、と驚くほどです。

言語を共有していても文化が違えばコミュニケーションの齟齬《そご》が生まれるというなら、違う言語でのコミュニケーションが一朝一夕に行かないのは当然です。どの言語にもそれぞれの文化があり、コミュニケーション・スタイルがあり、言語使用の習慣があります。外国語を使うとは、異質な他者を相手に異質な言語を精一杯使って果敢に関係構築を試みるのだから、簡単なわけがない、と腹をくくるべきでしょう。

そこを誤解しているから、コミュニケーションは単なるスキルだ、英語は道具だ、などと甘く見てしまうことが多く、だから英語学習が成功したように思えないのではないでしょうか。

繰り返して指摘したいと思います。コミュニケーションは単なるスキルではありません。英語は単なる道具ではありません。国際コミュニケーションの共通語として英語を使う場合でも、これは同じだと思います。英語をツールとして、コミュニケーションをスキルとして、軽く考えるから、こんなに勉強しているのに上手くならない、と腹が立つのです。

誤解のないよう念を押しておきますが、これは、英語が世界で最も価値のある重要言語だから軽視してはいけない、という意味ではありません。そうではなく、英語が一つの言語であるからには、血の通った生き物であって、自転車を習うようなわけには行きませんよ、ということなのです。たとえ世界中の人々が使用するようになったとしても、英語には英語の歴史と文化があり、独自の世界を有した一つの言語であることは間違いないのです。

そこを何とか折り合いをつけ、世界の誰もが使えるように、使い勝手の良いようにしよう、とあれこれ工夫をし始めているのが現状で、本書もそれを提言しているわけですが、一つの生きた言語である、という事実も認識するべきでしょう。しかも、所詮《しょせん》は外国語である英語をコミュニケーションで使いこなしたい、というのなら、困難が伴うことは覚悟した方が良い、ということも改めて注意しておきます。

私自身は、英語が好きです。でも、それは英語が世界語だからではありません。英語という言語は、本来は国際共通語になるのに向いていない、と思うくらいです。学習者にとって取り組みやすい言語とは言い難いし、特に言語体系が違う日本語を母語とする学習者には習得しにくい外国語です。

英語は論理的な構成を重んじますが、よく見れば、音とスペルは整合性がないし、せっかく文法規則を勉強しても例外だらけで、たまったものではありません。いちいち単数か複数かを気にする神経質なところがあるし、定冠詞と不定冠詞のややこしさは許し難い。発音ときたら、母語話者でない人間にとっては、勘弁してくれ、と言いたいような音やリズムです。しかし、欠点だらけの英語が、私はなぜか好きです。だから、英語を仕事として生きてきました。

そんな英語が、「便利なツール」として流布するだけならまだしも、「英語帝国主義」という批判を浴びながら、「国際共通語」という支配的な地位に昇り詰め、英語が苦手な人たちを追いやり、英語嫌いを増やしているのは、英語のためにも残念です。

何とかしたいと思い、それで、この本を書きました。

私が本書で主張したかったことは、二つに集約できます。

一つは、「英語はツール」「コミュニケーションはスキル」という言説を疑って欲しい、ということ。コミュニケーションは人間が特定の状況で起こす多層的な行動であるわけですから、それを私たちにとっては外国語である英語で行う、ということの重みを忘れてはならないと思うからです。

英語はたかが道具だ、と軽視する人ほど、日本語は微妙なニュアンスがあって特別に難しい、などと言います。しかし、特殊に難しい言語など存在しません。これは現在では当然として認められている言語相対主義の知見です[(2)]。どの言語も独自の言語世界を有しており、難しさが違うだけで、それぞれに難しいのです。英語もそうです。婉曲な表現もあれば丁寧語もあり微妙なニュアンスもふんだんにあります。英語はストレートな言語だからラクだなどと言う人は、そのレベルの英語しか知らないでいる、というだけのことです。

従って、日本人にとって外国語である英語を学ぶのは容易ではないのですが、だからと言ってあきらめることはないのです。国際共通語として習得するという方向を見定め、英語学習の目的と内容を見直したらどうか、というのが第二の主張です。

「国際共通語」として英語を学ぶ、と目的を明確化することで、英語の母語話者を目標にするなどという無理な到達度から学習者を解放し、ネイティブの規範から自由になることで英語学習の内容を整理することができるようになります。

二〇一〇年一〇月にソウルで開催されたアジア太平洋地域英語教育学会に招かれ、そのような考えを「国際共通語としての英語とその課題」と題して講演しました。講演終了後、シンガポールの英語教員が、同感だ、と話しかけてきました。シンガポールでは英語が公用語として日常的に使われているが、英語を学ぶのは決して容易ではないので英語教師の荷は重いのだ、と述懐します。そして続けて、この学会の招待講演者が、シンガポールの自分と日本の鳥飼以外は全員が英語圏の研究者であることに触れ、このような国際学会では英語を母語とする研究者が英語教育についてレクチャーするのが当然の慣習になって長いが、よく考えてみると、それは変ではないか、苦労しているアジア地域の英語教員が今後はもっと積極的に英語教育をリードしていこうよ、という意思表明でした。

確かにそうです。世界の英語教育界では長年、英語圏の著名な研究者たちが君臨して〈指導〉を行うのが当然視されてきました。日本でも、そのような研究者が学会に招かれて講演し、執筆したテキストが盛んに使われてきました。最近では、中国での英語教育熱のおかげで英語テキストが万単位で売れ大金持ちになった、と噂される教科書執筆者もいるくらいです。しかし、シンガポールの研究者がいみじくも語ったように、学習者を熟知しているのは、学習者と同じ言語を話し現地の状況をふまえて教育にあたっている、英語非母語話者の英語教師です。日本でも同じことが言えます。

日本には中国語やオランダ語を学んだ古い歴史的体験があり、英語に限っても幕末から今日に至るまで試行錯誤を続けてきました。実用か教養かをめぐっての英語教育論争も実は明治時代から既にあったようです。二一世紀に入った今は、そのような試行錯誤を踏まえ、あれかこれかの二項対立的な議論を超え、日本人による日本人のための英語教育を模索する時代だと思うのです。英語教員は、そのような自覚と自信を持ってこれからの英語教育に取り組んで欲しいと思います。

ただし、これは英語教員だけの問題ではありません。英語を学ぶすべての人々が、自分は何のために、どのような英語を学びたいのかを、考えていただきたいのです。

本書の主張で何より肝要なのは、「国際共通語としての英語」を習得するという新たな目標を設定することで、学習者が自ら、自分なりの英語学習の目的を再考して、自律的に英語という外国語に取り組むことが可能になる、という点です。

国際会議で英語を駆使するもよし、ビジネスで英語を使うもよし、字幕なしで英語の映画を楽しむもよし、外国の人々と英語でメールを交わすもよし、ニュースを英語で聞いたり読んだりもよし。それぞれの人生に合わせた英語があってよいと思うのです。同様に、英語は必要ない、という人生があってもよい。しかし、もし縁があるなら、英語を親しい道連れとして、広い世界に繰り出して、自由闊達に生きていく上での助っ人としていただきたい、と願っています。

---

(1) 例えば以下の著作があります。Tannen, D. 1986. *That's not what I meant! : How conversational style makes or breaks relationships.* New York : Ballantine.
Tannen, D. 1990. *You just don't understand : Women and men in conversation.* New York : Ballantine.

(2) サピア＝ウォーフの仮説（Sapir-Whorf Hypothesis)。

あとがき

二〇一一年三月一一日、本書の校正作業が最終段階に入っていた頃、東北関東大震災が起きました。大地震と大津波に加え原子力発電所の事故という未曾有《みぞう》の災害に、語るべき言葉がありません。犠牲になった多くの方々のご冥福を祈り、被災された皆さんに心からのお見舞いを申し上げます。

このような非常事態に、英語の話など、という気がしないではないのですが、外国の人々も被災していますし、世界各国からは救援隊が派遣されました。ということは被災地では、英語をはじめ多言語の通訳翻訳を必要としている現実があるわけです。個人的にも、さまざまな国の友人たちからメールで英語でのお見舞いが届きました。あらためて外国語の大切さに思い至ります。さらに、原発事故を憂慮し注視している海外では、正確な情報を迅速かつ端的に伝えない日本式コミュニケーションへの苛立ちが高まっており、対外的な発信能力がいかに重要かという点についても、今さらのように思い知らされます。

このささやかな書が書店に並ぶ頃には事態が収束して世の中が落ち着き、発信のために、多文化共生のために、国際共通語としての英語について考えようか、という余裕が生まれることを願ってやみません。

私がこれまでに出版した本は、日本の英語教育に関する辛口の意見を前面に出すことが多かったと思います。同じ講談社現代新書からは二〇〇二年に英語標準試験をテーマにした『TOEFL®テスト/TOEIC®テストと日本人の英語力』を出版しましたし、二〇〇六年には『危うし！ 小学校英語』（文春新書）で公立小学校に英語を導入することの問題を取り上げ、二〇一〇年は『「英語公用語」は何が問題か』（角川oneテーマ21）を書き、日本国内で英語を公用語とすることの是非を論じました。いずれも、日本の英語の現状を何とかしなければ、という思いを込めたものです。逆に言うと、そのくらい現在の日本における英語は、教育を含め、混迷し、課題を抱えているわけです。そこへ小さな一石を投じたいとの願いを込めての批判でした。

しかし本書は、これまでとは異なる切り口で書きました。批判から一歩抜け出て、具体的な提案です。それも英語を必要としている方々、英語を学んでいる皆さん一人一人に語りかけるつもりで、私が考えている「国際共通語としての英語」について紹介してみました。

そのような気持ちになったのは、二〇〇九年四月から監修とテレビ講師を担当しているＮＨＫ教育テレビ「ニュースで英会話」の影響が大きいと思います。これまでの英語番組ですと手紙や葉書で寄せられる感想を読む程度でしたが、テレビ、ラジオ、ウェブ、携帯、ワンセグを活用したクロスメディア番組であることから、ウェブで投稿課題を出し、寄せられた英文を読んでテレビでコメントすることが可能になりました。毎週の投稿を読むと、年齢や性別を問わず全国の方々が英語に取り組んでいる様子が手に取るように分かり、英語学習者の層の厚さと、その熱意に圧倒されます。その一人一人と話すような気持ちで本書を書き上げたといって過言ではありません。

私は、英語が「国際共通語」としての地位を得た以上、これまでのような英米の言語としての英語という扱いを変え、世界とコミュニケーションをはかるための共通語という観点から、学び方、教え方を変えるべきだろうと考えています。そのこと自体に異論や反論もあるでしょう。ぜひ、これからも議論したいと思います。

二〇一一年二月に四回にわたり放映されたNHK教育テレビ「歴史は眠らない　英語・愛憎の二百年」を担当して痛感したのは、日本人と英語の長年にわたる抜きさしならない関係です。幕末に初めて英語に公式な形で出会ってから二〇〇年、日本人はさまざまな場で英語と接し、学んできましたが、その心情は複雑で、親しみから憧《あこが》れ、そして怨念とまで言えそうな憎しみも時には感じながら、逃れられない思いでいるようです。若い世代も同様に、たかが英語、されど英語、という圧迫感に苛《さいな》まれているのを見ると、もう少し英語に対し冷静な気持ちになれないものだろうか、と思わずにいられません。そうでないと、いつまで経っても、何をしても、英語を自由に使えるようにはならないのではないか、という気がします。

日本人が平常心で英語を自分なりに使いこなすためにこそ、英語は国際共通語、という割り切りが必要なのではないか。英語が母語でない人間は日本人だけでなく世界に数多く存在し、誰もが英語の習得には苦労するのだけれど、共通語であるから使わざるをえないのだ、という意識を持てば、少々の間違いなどを気にすることなく、自分の考えや意見を発信できるようになるのではないか。そんな願いを込めたのが、本書です。

講談社の岡部ひとみさんが、いくつかのテーマを提案して下さった中で、私が迷わず「国際共通語としての英語」を選んだのは、私自身がもっとも書きたい内容であり、書かねばならないという思いでいたからです。本書の原型とも言えるのは、二〇〇九年『英語教育』八月号（大修館）に掲載された拙稿「日本人と英語―地球語を学ぶとは何か」（二〇～二三ページ）です。その内容は本書のいくつかの章に分かれて再録されています。その後、日本学術会議での英語に関する議論に参加し、シンポジウムで発表（『英語教育と日本語の将来―グローバル世界を生きる』日本学術会議・言語学会連合共催シンポジウム「日本語の将来」二〇一〇年九月一九日）することで、少しずつ国際共通語としての英語についての私の考えが収斂したような気がします。本書を執筆中、岡部さんは編集者というだけでなく、一人の英語学習者としての本音を常に私にぶつけて下さり、時に私は、そこまでアドバイスするわけ？と困惑しながら、これまで書いたことがなかったような自分の体験談まで思わず書いてしまいました。英語教育政策や言語教育理念について語ることの多い私ですので、本書でもそれを書かずにはいられませんでしたが、かつてなく、学習者の立場に身をおいて考えることになりました。岡部さんに感謝する次第です。

とはいえ、本書で書ききれなかった点、考察や認識が不十分な点は多々あると思います。本書をお読みになった皆さんの率直な感想や指摘や批判をお待ちします。私はそこから学び、これからも日本人にとっての英語を考え続けていきたいと念じています。

なお、本書の末尾に収録した朝日新聞のインタビュー記事は、同紙オピニオン編集グループの刀祢館正明編集委員との数時間に及ぶ議論から生まれたものです。私の考えが凝縮されているので入れさせていただきました。転載を快諾して下さった朝日新聞社および刀祢館正明氏に厚くお礼を申し上げます。

本書が、英語を学んでいる方々にとって少しでも参考になり、ささやかながら激励となれば、望外の喜びです。

二〇一一年三月二一日

鳥飼玖美子

講談社現代新書　2104

国際《こくさい》共通語《きょうつうご》としての英語《えいご》

二〇一一年四月二〇日第一刷発行　二〇二〇年三月一六日第一〇刷発行

著者　鳥飼玖美子《とりかいくみこ》

発行者　渡瀬昌彦
発行所　株式会社講談社
東京都文京区音羽二丁目一二―二一　郵便番号一一二―八〇〇一
電話　〇三―五三九五―三五二一　編集（現代新書）
〇三―五三九五―四四一五　販売
〇三―五三九五―三六一五　業務
装幀者　中島英樹
印刷所　凸版印刷株式会社
製本所　株式会社国宝社
定価はカバーに表示してあります　Printed in Japan

N.D.C. 835　194p　18cm
ISBN978-4-06-288104-3

「講談社現代新書」の刊行にあたって

教養は万人が身をもって養い創造すべきものであって、一部の専門家の占有物として、ただ一方的に人々の手もとに配布され伝達されうるものではありません。

しかし、不幸にしてわが国の現状では、教養の重要な養いとなるべき書物は、ほとんど講壇からの天下りや単なる解説に終始し、知識技術を真剣に希求する青少年・学生・一般民衆の根本的な疑問や興味は、けっして十分に答えられ、解きほぐされ、手引きされることがありません。万人の内奥から発した真正の教養への芽ばえが、こうして放置され、むなしく滅びさる運命にゆだねられているのです。

このことは、中・高校だけで教育をおわる人々の成長をはばんでいるだけでなく、大学に進んだり、インテリと目されたりする人々の精神力の健康さえもむしばみ、わが国の文化の実質をまことに脆弱なものにしています。単なる博識以上の根強い思索力・判断力、および確かな技術にささえられた教養を必要とする日本の将来にとって、これは真剣に憂慮されなければならない事態であるといわなければなりません。

わたしたちの「講談社現代新書」は、この事態の克服を意図して計画されたものです。これによってわたしたちは、講壇からの天下りでもなく、単なる解説書でもない、もっぱら万人の魂に生ずる初発的かつ根本的な問題をとらえ、掘り起こし、手引きし、しかも最新の知識への展望を万人に確立させる書物を、新しく世の中に送り出したいと念願しています。

わたしたちは、創業以来民衆を対象とする啓蒙の仕事に専心してきた講談社にとって、これこそもっともふさわしい課題であり、伝統ある出版社としての義務でもあると考えているのです。

一九六四年四月　野間省一

哲学・思想I

66 哲学のすすめ——岩崎武雄
159 弁証法はどういう科学か 三浦つとむ
501 ニーチェとの対話——西尾幹二
871 言葉と無意識——丸山圭三郎
898 はじめての構造主義 橋爪大三郎
916 哲学入門一歩前——廣松渉
921 現代思想を読む事典 今村仁司 編
977 哲学の歴史——新田義弘
989 ミシェル・フーコー 内田隆三
1001 今こそマルクスを読み返す 廣松渉
1286 哲学の謎——野矢茂樹
1293 「時間」を哲学する——中島義道
1315 じぶん・この不思議な存在——鷲田清一
1357 新しいヘーゲル——長谷川宏
1383 カントの人間学——中島義道
1401 これがニーチェだ——永井均
1420 無限論の教室——野矢茂樹
1466 ゲーデルの哲学——高橋昌一郎
1575 動物化するポストモダン 東浩紀
1582 ロボットの心——柴田正良
1600 ハイデガー=存在神秘の哲学——古東哲明
1635 これが現象学だ——谷徹
1638 時間は実在するか 入不二基義
1675 ウィトゲンシュタインはこう考えた 鬼界彰夫
1783 スピノザの世界——上野修
1839 読む哲学事典——田島正樹
1948 理性の限界——高橋昌一郎
1957 リアルのゆくえ——大塚英志 東浩紀
1996 今こそアーレントを読み直す——仲正昌樹
2004 はじめての言語ゲーム——橋爪大三郎
2048 知性の限界——高橋昌一郎
2050 超解読! はじめてのヘーゲル『精神現象学』 竹田青嗣 西研
2084 はじめての政治哲学 小川仁志
2099 超解読! はじめてのカント『純粋理性批判』 竹田青嗣
2153 感性の限界——高橋昌一郎
2169 超解読! はじめてのフッサール『現象学の理念』——竹田青嗣
2185 死別の悲しみに向き合う——坂口幸弘
2279 マックス・ウェーバーを読む——仲正昌樹

A

哲学・思想Ⅱ

13 論語――貝塚茂樹
285 正しく考えるために　岩崎武雄
324 美について――今道友信
1007 日本の風景・西欧の景観――オギュスタン・ベルク　篠田勝英 訳
1123 はじめてのインド哲学　立川武蔵
1150 「欲望」と資本主義――佐伯啓思
1163 「孫子」を読む――浅野裕一
1247 メタファー思考――瀬戸賢一
1248 20世紀言語学入門　加賀野井秀一
1278 ラカンの精神分析――新宮一成
1358 「教養」とは何か――阿部謹也
1436 古事記と日本書紀　神野志隆光
1439 〈意識〉とは何だろうか　下條信輔
1542 自由はどこまで可能か　森村進
1544 倫理という力――前田英樹
1560 神道の逆襲――菅野覚明
1741 武士道の逆襲――菅野覚明
1749 自由とは何か――佐伯啓思
1763 ソシュールと言語学――町田健
1849 系統樹思考の世界――三中信宏
1867 現代建築に関する16章　五十嵐太郎
2009 ニッポンの思想――佐々木敦
2014 分類思考の世界――三中信宏
2093 ウェブ×ソーシャル×アメリカ　池田純一
2114 いつだって大変な時代――堀井憲一郎
2134 いまを生きるための思想キーワード――仲正昌樹
2155 独立国家のつくりかた　坂口恭平
2167 新しい左翼入門――松尾匡
2168 社会を変えるには――小熊英二
2172 私とは何か――平野啓一郎
2177 わかりあえないことから　平田オリザ
2179 アメリカを動かす思想　小川仁志
2216 まんが　哲学入門――森岡正博　寺田にゃんこふ
2254 教育の力――苫野一徳
2274 現実脱出論――坂口恭平
2290 闘うための哲学書――小川仁志　萱野稔人
2341 ハイデガー哲学入門　仲正昌樹
2437 ハイデガー『存在と時間』入門――轟孝夫

宗教

27 禅のすすめ――佐藤幸治
135 日蓮――久保田正文
217 道元入門――秋月龍珉
606 「般若心経」を読む――紀野一義
667 生命《いのち》あるすべてのものに　マザー・テレサ
698 神と仏――山折哲雄
997 空と無我――定方晟
1210 イスラームとは何か――小杉泰
1469 ヒンドゥー教　クシティ・モーハン・セーン　中川正生 訳
1609 一神教の誕生――加藤隆
1755 仏教発見!――西山厚
1988 入門 哲学としての仏教　竹村牧男
2100 ふしぎなキリスト教――橋爪大三郎　大澤真幸
2146 世界の陰謀論を読み解く――辻隆太朗
2159 古代オリエントの宗教　青木健
2220 仏教の真実――田上太秀
2241 科学vs.キリスト教――岡崎勝世
2293 善の根拠――南直哉
2333 輪廻転生――竹倉史人
2337 『臨済録』を読む――有馬頼底
2368 「日本人の神」入門――島田裕巳

Ⓒ

政治・社会

1145 冤罪はこうして作られる　小田中聰樹
1201 情報操作のトリック　川上和久
1488 日本の公安警察――青木理
1540 戦争を記憶する――藤原帰一
1742 教育と国家――高橋哲哉
1965 創価学会の研究――玉野和志
1977 天皇陛下の全仕事――山本雅人
1978 思考停止社会――郷原信郎
1985 日米同盟の正体――孫崎享
2068 財政危機と社会保障――鈴木亘
2073 リスクに背を向ける日本人　山岸俊男 メアリー・C・ブリントン
2079 認知症と長寿社会――信濃毎日新聞取材班

2115 国力とは何か――中野剛志
2117 未曾有と想定外――畑村洋太郎
2123 中国社会の見えない掟　加藤隆則
2130 ケインズとハイエク　松原隆一郎
2135 弱者の居場所がない社会　阿部彩
2138 超高齢社会の基礎知識　鈴木隆雄
2152 鉄道と国家――小牟田哲彦
2183 死刑と正義――森炎
2186 民法はおもしろい――池田真朗
2197 「反日」中国の真実――加藤隆則
2203 ビッグデータの覇者たち――海部美知
2246 愛と暴力の戦後とその後――赤坂真理
2247 国際メディア情報戦――高木徹

2294 安倍官邸の正体――田﨑史郎
2295 福島第一原発事故 7つの謎　NHKスペシャル『メルトダウン』取材班
2297 ニッポンの裁判――瀬木比呂志
2352 警察捜査の正体――原田宏二
2358 貧困世代――藤田孝典
2363 下り坂をそろそろと下る　平田オリザ
2387 憲法という希望――木村草太
2397 老いる家 崩れる街　野澤千絵
2413 アメリカ帝国の終焉　進藤榮一
2431 未来の年表――河合雅司
2436 縮小ニッポンの衝撃　NHKスペシャル取材班
2439 知ってはいけない――矢部宏治
2455 保守の真髄――西部邁

経済・ビジネス

350 経済学はむずかしくない〈第2版〉――都留重人

1596 失敗を生かす仕事術 畑村洋太郎

1624 企業を高めるブランド戦略――田中洋

1641 ゼロからわかる経済の基本――野口旭

1656 コーチングの技術――菅原裕子

1926 不機嫌な職場――高橋克徳 河合太介 永田稔 渡部幹

1992 経済成長という病――平川克美

1997 日本の雇用――大久保幸夫

2010 日本銀行は信用できるか 岩田規久男

2016 職場は感情で変わる 高橋克徳

2036 決算書はここだけ読め！――前川修満

2064 決算書はここだけ読め！ キャッシュ・フロー計算書編 前川修満

2125 ビジネスマンのための「行動観察」入門 松波晴人

2148 経済成長神話の終わり アンドリュー・J・サター 中村起子 訳

2171 経済学の犯罪――佐伯啓思

2178 経済学の思考法――小島寛之

2218 会社を変える分析の力 河本薫

2229 ビジネスをつくる仕事 小林敬幸

2235 20代のための「キャリア」と「仕事」入門――塩野誠

2236 部長の資格――米田巖

2240 会社を変える会議の力 杉野幹人

2242 孤独な日銀――白川浩道

2261 変わった世界 変わらない日本――野口悠紀雄

2267 「失敗」の経済政策史 川北隆雄

2300 世界に冠たる中小企業 黒崎誠

2303 「タレント」の時代――酒井崇男

2307 ＡＩの衝撃――小林雅一

2324 〈税金逃れ〉の衝撃 深見浩一郎

2334 介護ビジネスの罠――長岡美代

2350 仕事の技法――田坂広志

2362 トヨタの強さの秘密 酒井崇男

2371 捨てられる銀行――橋本卓典

2412 楽しく学べる「知財」入門――稲穂健市

2416 日本経済入門――野口悠紀雄

2422 捨てられる銀行2 非産運用――橋本卓典

2423 勇敢な日本経済論――高橋洋一 ぐっちーさん

2425 真説・企業論――中野剛志

2426 東芝解体 電機メーカーが消える日 大西康之

世界の言語・文化・地理

958 英語の歴史——中尾俊夫
987 はじめての中国語——相原茂
1025 J・S・バッハ——礒山雅
1073 はじめてのドイツ語 福本義憲
1111 ヴェネツィア——陣内秀信
1183 はじめてのスペイン語 東谷穎人
1353 はじめてのラテン語 大西英文
1396 はじめてのイタリア語 郡史郎
1446 南イタリアへ!——陣内秀信
1701 はじめての言語学 黒田龍之助
1753 中国語はおもしろい 新井一二三
1949 見えないアメリカ——渡辺将人
2081 はじめてのポルトガル語 浜岡究
2086 英語と日本語のあいだ 菅原克也
2104 国際共通語としての英語 鳥飼玖美子
2107 野生哲学——管啓次郎 小池桂一
2158 一生モノの英文法——澤井康佑
2227 アメリカ・メディア・ウォーズ——大治朋子
2228 フランス文学と愛——野崎歓
2317 ふしぎなイギリス——笠原敏彦
2353 本物の英語力——鳥飼玖美子
2354 インド人の「力」——山下博司
2411 話すための英語力 鳥飼玖美子

F

日本史Ⅰ

1258 身分差別社会の真実——斎藤洋一 大石慎三郎
1265 七三一部隊——常石敬一
1292 日光東照宮の謎——高藤晴俊
1322 藤原氏千年——朧谷寿
1379 白村江——遠山美都男
1394 参勤交代——山本博文
1414 謎とき日本近現代史 野島博之
1599 戦争の日本近現代史 加藤陽子
1648 天皇と日本の起源 遠山美都男
1680 鉄道ひとつばなし——原武史
1702 日本史の考え方——石川晶康
1707 参謀本部と陸軍大学校 黒野耐
1797 「特攻」と日本人——保阪正康
1885 鉄道ひとつばなし2——原武史
1900 日中戦争——小林英夫
1918 日本人はなぜキツネにだまされなくなったのか 内山節
1924 東京裁判——日暮吉延
1931 幕臣たちの明治維新 安藤優一郎
1971 歴史と外交——東郷和彦
1982 皇軍兵士の日常生活 一ノ瀬俊也
2031 明治維新 1858-1881 坂野潤治 大野健一
2040 中世を道から読む——齋藤慎一
2089 占いと中世人——菅原正子
2095 鉄道ひとつばなし3——原武史
2098 戦前昭和の社会 1926-1945——井上寿一
2106 戦国誕生——渡邊大門
2109 「神道」の虚像と実像 井上寛司
2152 鉄道と国家——小牟田哲彦
2154 邪馬台国をとらえなおす——大塚初重
2190 戦前日本の安全保障——川田稔
2192 江戸の小判ゲーム——山室恭子
2196 藤原道長の日常生活 倉本一宏
2202 西郷隆盛と明治維新 坂野潤治
2248 城を攻める 城を守る——伊東潤
2272 昭和陸軍全史1——川田稔
2278 織田信長〈天下人〉の実像 金子拓
2284 ヌードと愛国——池川玲子
2299 日本海軍と政治——手嶋泰伸

世界史Ⅱ

959 東インド会社——浅田實
971 文化大革命——矢吹晋
1085 アラブとイスラエル 高橋和夫
1099 「民族」で読むアメリカ 野村達朗
1231 キング牧師とマルコムX 上坂昇
1306 モンゴル帝国の興亡〈上〉——杉山正明
1307 モンゴル帝国の興亡〈下〉——杉山正明
1366 新書アフリカ史——宮本正興 松田素二 編
1588 現代アラブの社会思想 池内恵
1746 中国の大盗賊・完全版——高島俊男
1761 中国文明の歴史——岡田英弘
1769 まんが パレスチナ問題 山井教雄
1811 歴史を学ぶということ 入江昭
1932 都市計画の世界史——日端康雄
1966 〈満洲〉の歴史——小林英夫
2018 古代中国の虚像と実像 落合淳思
2025 まんが 現代史——山井教雄
2053 〈中東〉の考え方——酒井啓子
2120 居酒屋の世界史——下田淳
2182 おどろきの中国 橋爪大三郎 大澤真幸 宮台真司
2189 世界史の中のパレスチナ問題 臼杵陽
2257 歴史家が見る現代世界 入江昭
2301 高層建築物の世界史 大澤昭彦
2331 続 まんが パレスチナ問題 山井教雄
2338 世界史を変えた薬 佐藤健太郎
2345 鄧小平——エズラ・F・ヴォーゲル 聞き手＝橋爪大三郎
2386 〈情報〉帝国の興亡——玉木俊明
2409 〈軍〉の中国史——澁谷由里
2410 入門 東南アジア近現代史 岩崎育夫
2445 珈琲の世界史——旦部幸博
2457 世界神話学入門——後藤明
2459 9・11後の現代史 酒井啓子

心理・精神医学

331 異常の構造——木村敏
590 家族関係を考える——河合隼雄
725 リーダーシップの心理学——国分康孝
824 森田療法——岩井寛
1011 自己変革の心理学——伊藤順康
1020 アイデンティティの心理学 鑪幹八郎
1044 〈自己発見〉の心理学 国分康孝
1241 心のメッセージを聴く 池見陽
1289 軽症うつ病——笠原嘉
1348 自殺の心理学——高橋祥友
1372 〈むなしさ〉の心理学 諸富祥彦
1376 子どものトラウマ——西澤哲
1465 トランスパーソナル心理学入門——諸富祥彦
1787 人生に意味はあるか 諸富祥彦
1827 他人を見下す若者たち 速水敏彦
1922 発達障害の子どもたち——杉山登志郎
1962 親子という病——香山リカ
1984 いじめの構造——内藤朝雄
2008 関係する女 所有する男——斎藤環
2030 がんを生きる——佐々木常雄
2044 母親はなぜ生きづらいか——香山リカ
2062 人間関係のレッスン 向後善之
2076 子ども虐待——西澤哲
2085 言葉と脳と心——山鳥重
2105 はじめての認知療法——大野裕
2116 発達障害のいま——杉山登志郎
2119 動きが心をつくる——春木豊
2143 アサーション入門——平木典子
2180 パーソナリティ障害とは何か——牛島定信
2231 精神医療ダークサイド 佐藤光展
2344 ヒトの本性——川合伸幸
2347 信頼学の教室——中谷内一也
2349 「脳疲労」社会——徳永雄一郎
2385 はじめての森田療法 北西憲二
2415 新版 うつ病をなおす 野村総一郎
2444 怒りを鎮める うまく謝る 川合伸幸

知的生活のヒント

78 大学でいかに学ぶか　増田四郎
86 愛に生きる——鈴木鎮一
240 生きることと考えること　森有正
297 本はどう読むか——清水幾太郎
327 考える技術・書く技術——板坂元
436 知的生活の方法——渡部昇一
553 創造の方法学——高根正昭
587 文章構成法——樺島忠夫
648 働くということ——黒井千次
722 「知」のソフトウェア——立花隆
1027 「からだ」と「ことば」のレッスン——竹内敏晴
1468 国語のできる子どもを育てる——工藤順一
1485 知の編集術——松岡正剛
1517 悪の対話術——福田和也
1563 悪の恋愛術——福田和也
1620 相手に「伝わる」話し方　池上彰
1627 インタビュー術！——永江朗
1679 子どもに教えたくなる算数　栗田哲也
1865 老いるということ——黒井千次
1940 調べる技術・書く技術——野村進
1979 回復力——畑村洋太郎
1981 日本語論理トレーニング——中井浩一
2003 わかりやすく〈伝える〉技術——池上彰
2021 新版 大学生のためのレポート・論文術——小笠原喜康
2027 地アタマを鍛える知的勉強法——齋藤孝
2046 大学生のための知的勉強術——松野弘
2054 〈わかりやすさ〉の勉強法——池上彰
2083 人を動かす文章術——齋藤孝
2103 アイデアを形にして伝える技術——原尻淳一
2124 デザインの教科書——柏木博
2165 エンディングノートのすすめ——本田桂子
2188 学び続ける力——池上彰
2201 野心のすすめ——林真理子
2298 試験に受かる「技術」——吉田たかよし
2332 「超」集中法——野口悠紀雄
2406 幸福の哲学——岸見一郎
2421 牙を研げ 会社を生き抜くための教養　佐藤優
2447 正しい本の読み方　橋爪大三郎

文学

2 光源氏の一生——池田弥三郎

180 美しい日本の私——川端康成 サイデンステッカー

1026 漢詩の名句・名吟——村上哲見

1208 王朝貴族物語——山口博

1501 アメリカ文学のレッスン——柴田元幸

1667 悪女入門——鹿島茂

1708 きむら式 童話のつくり方——木村裕一

1743 漱石と三人の読者——石原千秋

1841 知ってる古文の知らない魅力——鈴木健一

2029 決定版 一億人の俳句入門 長谷川櫂

2071 村上春樹を読みつくす 小山鉄郎

2209 今を生きるための現代詩 渡邊十絲子

2323 作家という病——校條剛

2356 ニッポンの文学——佐々木敦

2364 我が詩的自伝——吉増剛造

趣味・芸術・スポーツ

620 時刻表ひとり旅——宮脇俊三
676 酒の話——小泉武夫
1025 J・S・バッハ——礒山雅
1287 写真美術館へようこそ——飯沢耕太郎
1404 踏みはずす美術史——森村泰昌
1422 演劇入門——平田オリザ
1454 スポーツとは何か——玉木正之
1510 最強のプロ野球論——二宮清純
1653 これがビートルズだ 中山康樹
1723 演技と演出——平田オリザ
1765 科学する麻雀——とつげき東北
1808 ジャズの名盤入門——中山康樹

1890 「天才」の育て方——五嶋節
1915 ベートーヴェンの交響曲——金聖響 玉木正之
1941 プロ野球の一流たち 二宮清純
1970 ビートルズの謎——中山康樹
1990 ロマン派の交響曲——金聖響 玉木正之
2007 落語論——堀井憲一郎
2045 マイケル・ジャクソン——西寺郷太
2055 世界の野菜を旅する 玉村豊男
2058 浮世絵は語る——浅野秀剛
2113 なぜ僕はドキュメンタリーを撮るのか——想田和弘
2132 マーラーの交響曲——金聖響 玉木正之
2210 騎手の一分——藤田伸二
2214 ツール・ド・フランス 山口和幸

2221 歌舞伎　家と血と藝 中川右介
2270 ロックの歴史——中山康樹
2282 ふしぎな国道——佐藤健太郎
2296 ニッポンの音楽——佐々木敦
2366 人が集まる建築——仙田満
2378 不屈の棋士——大川慎太郎
2381 138億年の音楽史 浦久俊彦
2389 ピアニストは語る ヴァレリー・アファナシエフ
2393 現代美術コレクター 高橋龍太郎
2399 ヒットの崩壊——柴那典
2404 本物の名湯ベスト100 石川理夫
2424 タロットの秘密——鏡リュウジ
2446 ピアノの名曲——イリーナ・メジューエワ